Guida Turistica di Montreal 2024

Esplora il cuore vibrante della cultura francofona e del fascino urbano del Canada

Kennedy Kane

Sommario

Sommario 1
Pagina del diritto d'autore 4

PREFAZIONE 5
    Un viaggio attraverso l'Atlantico: esplorare il fascino di Montreal 5

Capitolo 1 9
INTRODUZIONE A MONTREAL 9
    Panoramica di Montreal 10
    Breve storia di Montreal 12
    Diversità culturale a Montreal 15

Capitolo 2 19
PIANIFICAZIONE DEL TUO VIAGGIO A MONTREAL ... 19
    Periodo migliore per visitare Montreal 20
    Come arrivare a Montreal 24
    Requisiti per il visto e l'ingresso 27

Capitolo 3 31
OPZIONI DI ALLOGGIO A MONTREAL 31
    Alberghi a Montréal 32
    Ostelli e alloggi economici 36
    Case vacanze e opzioni Airbnb 38

Capitolo 4.. 43
ESPLORANDO I QUARTIERI DI MONTREAL............43
   Vecchia Montreal.. 44
   Altopiano Mont-Royal... 47
   Mile End e Little Italy...49

Capitolo 5.. 53
ATTRAZIONI DA VEDERE A MONTREAL................. 53
   Basilica di Nostra Signora..54
   Parco del Monte Reale (Parc du Mont-Royal)........ 56
   Museo delle Belle Arti di Montreal.......................... 58

Capitolo 6.. 61
VIVERE LA SCENA CULINARIA DI MONTREAL...... 61
   Cibi iconici di Montreal...62
   I migliori ristoranti e caffè..65

Capitolo 7.. 71
ATTIVITÀ ALL'APERTO ED ESCURSIONI NELLA NATURA..71
   Percorsi ciclabili e pedonali..................................... 72
   Kayak e canoa a Montreal....................................... 75
   Gite di un giorno ai parchi e alle riserve naturali nelle vicinanze..77

Capitolo 8.. 83
VITA NOTTURNA E INTRATTENIMENTO................... 83
   Bar e discoteche a Montreal................................... 84
   Luoghi per spettacoli e musica dal vivo................. 88

Calendario Festival ed Eventi....................90

Capitolo 9....................................**93**
CONSIGLI E INFORMAZIONI PRATICHE............**93**
    Consigli per la sicurezza per viaggiare a Montreal. 94
    Consigli per risparmiare denaro e trucchi per viaggiare a basso costo..........................96
    Etichetta e costumi locali da conoscere............100

BONUS...**103**
    A. Contatti di emergenza.......................103
    B. Itinerario ben pianificato di 7 giorni per Montreal... 108
    C. 10 cose che non dovresti fare a Montreal........ 115
    D. 10 luoghi che non dovresti visitare a Montreal come turista..................................... 119
    E. Frasi di base di Montreal che i viaggiatori dovrebbero imparare............................ 122
    F. PIANIFICATORE DI VIAGGIO........................ 125

Pagina del diritto d'autore

(C)Kennedy Kane, 2024

Tutti i diritti riservati. Nessuna parte di questa pubblicazione può essere riprodotta, distribuita o trasmessa in qualsiasi forma o con qualsiasi mezzo, comprese fotocopie, registrazioni o altri metodi elettronici o meccanici, senza il previo consenso scritto dell'editore, tranne nel caso di brevi citazioni incorporate nelle recensioni critiche e in alcuni altri usi non commerciali consentiti dalla legge sul copyright.

PREFAZIONE

Un viaggio attraverso l'Atlantico: esplorare il fascino di Montreal

Mentre mi trovavo all'aeroporto Charles de Gaulle di Parigi, l'eccitazione e l'attesa mi hanno attraversato. Mia moglie Marie ed io stavamo intraprendendo un viaggio attraverso l'Atlantico fino a Montreal, in Canada. Il motivo della nostra avventura? Una meritata vacanza che avevo vinto dopo essere stato nominato Miglior Staff dell'Anno sul posto di lavoro. Era un'opportunità rara ed eravamo determinati a sfruttarla al massimo.

Con la gravidanza di Marie che aggiungeva un ulteriore livello di gioia e anticipazione ai nostri viaggi, siamo saliti sull'aereo con il cuore pieno di eccitazione e la mente piena di sogni sulle avventure che ci aspettavano a Montreal. Il volo di otto ore sembrava passare in un batter d'occhio mentre aspettavamo con impazienza il nostro arrivo in questa vibrante città.

All'atterraggio a Montreal, siamo rimasti immediatamente colpiti dalla miscela di fascino europeo ed energia nordamericana che permeava la città. Dal momento in cui abbiamo messo piede sul suolo canadese, sapevamo che la nostra vacanza sarebbe stata a dir poco indimenticabile.

La nostra prima tappa a Montreal è stata l'iconica Vecchia Montreal (Vieux-Montréal). Passeggiare per le sue strade acciottolate, circondate da un'architettura secolare e da boutique pittoresche, sembrava di tornare indietro nel tempo. Abbiamo trascorso ore esplorando i monumenti storici, inclusa la maestosa Basilica di Notre-Dame, la cui intricata architettura gotica ci ha lasciato a bocca aperta.

Mentre vagavamo per le affollate strade di Montreal, non potevamo fare a meno di meravigliarci della diversità culturale della città. Dai colori e sapori vibranti di Chinatown all'atmosfera bohémien di Plateau Mont-Royal, ogni quartiere ha offerto il proprio fascino ed esperienze unici. Ci siamo trovati immersi nel ricco arazzo di lingue, cucine e tradizioni che rendono Montreal davvero unica nel suo genere.

Uno dei momenti salienti del nostro viaggio è stata la visita al Mount Royal Park (Parc du Mont-Royal). Mentre salivamo verso la vetta, siamo stati ricompensati con viste panoramiche sullo skyline della città e sulle acque scintillanti del fiume San Lorenzo sottostante. È stato un momento di pura serenità, circondato dalla bellezza della natura e dalla promessa di nuove avventure all'orizzonte.

Durante il nostro soggiorno a Montreal, abbiamo avuto il piacere di incontrare gente del posto che ci ha accolto con calore e ospitalità. Dalla condivisione di storie davanti a un poutine in un accogliente bar al ballo tutta la notte in un jazz club, abbiamo creato connessioni che sarebbero durate tutta la vita. Sono stati questi incontri che hanno davvero fatto sentire il nostro viaggio a Montreal come a casa lontano da casa.

Mentre la nostra vacanza volgeva al termine, non potevamo fare a meno di provare una fitta di tristezza al pensiero di lasciarci alle spalle Montreal. Ma mentre ci imbarcavamo sul volo di ritorno per Parigi, sapevamo che il nostro viaggio era lungi dall'essere finito. Montreal aveva catturato i nostri cuori come nessun'altra città aveva fatto e ci siamo ripromessi di tornare di nuovo nel prossimo futuro.

Riflettendo sul tempo trascorso a Montreal, sono pieno di gratitudine per le esperienze che abbiamo condiviso e i ricordi che abbiamo creato. Dalle strade acciottolate della Vecchia Montreal ai panorami mozzafiato di Mount Royal, ogni momento è stato una testimonianza della bellezza e del fascino di questa vibrante città. E mentre aspetto con ansia il giorno in cui vagheremo ancora una volta per le sue strade, sono pieno di eccitazione per le avventure che ci attendono. Montreal, nous reviendrons bientôt.

Capitolo 1

INTRODUZIONE A MONTREAL

Montreal, un'accattivante miscela di eleganza europea e dinamismo nordamericano, attira i viaggiatori con il suo fascino cosmopolita e il suo ricco arazzo culturale. Situata sulla pittoresca isola di Montreal, all'incrocio dei fiumi San Lorenzo e Ottawa, questa vibrante città pulsa di energia, creatività e un profondo senso della storia. Dalle strade acciottolate della Vecchia Montreal, dove l'architettura secolare testimonia il passato coloniale della città, ai vivaci quartieri brulicanti di comunità diverse e scene artistiche d'avanguardia, Montreal offre un affascinante mosaico di esperienze in attesa di essere esplorato.

Immersa in oltre quattro secoli di storia, la storia di Montreal si sviluppa attraverso i suoi monumenti iconici, i festival vivaci e lo spirito resiliente. Essendo una delle città francofone più grandi del mondo, Montreal emana un'inconfondibile gioia di vivere, riflessa nelle sue fiorenti scene artistiche e culinarie. Dalla maestosità della Basilica di Notre-Dame al fascino bohémien del Plateau Mont-Royal, ogni angolo di Montreal invita i visitatori in un viaggio di scoperta e meraviglia. Dal passeggiare per parchi verdeggianti, indulgere in una cucina di livello mondiale o immergersi nelle diverse offerte culturali della città, Montreal affascina i cuori e l'immaginazione di tutti coloro che si avventurano nel suo abbraccio, promettendo un'esperienza indimenticabile che persiste a lungo dopo la fine del viaggio.

Panoramica di Montreal

Situata nel cuore del Quebec, Montreal è un faro di diversità culturale e vivacità urbana, attirando visitatori da tutto il mondo per sperimentare la sua miscela unica di storia, arte, cucina e architettura. Essendo la città più grande della provincia, Montreal è una vivace metropoli situata sulla pittoresca isola di Montreal, dove convergono i maestosi fiumi San Lorenzo e Ottawa. La sua posizione strategica ne ha fatto un centro chiave per il commercio, il commercio e lo scambio culturale nel corso della sua storia storica.

Con una popolazione di oltre 1,7 milioni di residenti, Montreal è la seconda città francofona al mondo, seconda solo alla sua controparte europea, Parigi. Questa eredità linguistica permea ogni aspetto della vita a Montreal, dall'elegante segnaletica francese che adorna le sue strade alla cadenza melodica delle conversazioni ascoltate nei suoi caffè e bistrot. Tuttavia, il patrimonio culturale di Montreal si estende ben oltre le sue radici francofone, abbracciando un ricco mosaico di etnie, lingue e tradizioni che riflettono il suo status di crogiolo globale.

Il fascino di Montreal non risiede solo nella sua popolazione diversificata, ma anche nei suoi quartieri eclettici, ognuno dei quali offre un'atmosfera distinta e una vasta gamma di attrazioni. Nello storico quartiere della Vecchia Montreal, i visitatori vengono trasportati indietro nel tempo mentre passeggiano lungo strade acciottolate fiancheggiate da edifici secolari, grandi cattedrali e affascinanti caffè. Nel frattempo, il Plateau Mont-Royal affascina con il suo stile bohémien, dove murales colorati adornano le facciate di case secolari e boutique alla moda e gallerie d'arte invitano i passanti.

Oltre alle sue meraviglie architettoniche, Montreal vanta una fiorente scena artistica e culturale che rivaleggia con quella di qualsiasi grande città del mondo. Musei come il Museo delle Belle Arti di Montreal e il Museo McCord offrono ai visitatori uno sguardo sul ricco patrimonio e sullo spirito creativo della città, mentre i teatri e i luoghi di spettacolo presentano una vasta gamma di produzioni che vanno dal teatro d'avanguardia ai concerti di musica classica.

Naturalmente, nessuna visita a Montreal sarebbe completa senza indulgere nelle sue delizie culinarie di fama mondiale. Dagli iconici panini con carne affumicata di Schwartz's Deli ai decadenti pasticcini di pasticcerie come Maison Christian Faure, la scena gastronomica di Montreal è una festa per i sensi. I mercati alimentari come il mercato Jean-Talon e il mercato Atwater offrono un'esperienza culinaria coinvolgente, dove i visitatori possono assaggiare prodotti freschi, formaggi artigianali e prelibatezze gourmet provenienti da produttori locali.

In termini di trasporti, Montreal vanta una rete efficiente e completa di opzioni di trasporto pubblico, comprese linee metropolitane, autobus e treni pendolari, che rendono facile per i visitatori esplorare le numerose attrazioni della città. Inoltre, Montreal è rinomata per la sua infrastruttura bike-friendly, con piste ciclabili dedicate che attraversano la città e programmi di bike sharing come BIXI che forniscono un modo comodo ed ecologico per spostarsi.

Breve storia di Montreal

La storia di Montreal è un ricco arazzo intessuto di fili del patrimonio indigeno, dell'esplorazione europea e della diversità culturale, che abbraccia oltre quattro millenni. Molto prima dell'arrivo dei coloni europei, la terra che oggi conosciamo come Montreal era abitata da popolazioni indigene, tra cui Mohawk, Algonquin e Huron-Wendat, che vissero in armonia con il mondo naturale per migliaia di anni.

Nel XVI secolo, l'esploratore francese Jacques Cartier divenne il primo europeo a mettere piede nell'area di Montreal, chiamando l'imponente collina a tre punte che domina la città "Monte Reale". Tuttavia, fu solo nel 1642 che Montreal fu ufficialmente fondata dai coloni francesi guidati da Paul Chomedey de Maisonneuve e Jeanne Mance. Stabilirono una stazione commerciale di pellicce sull'isola di Montreal, segnando l'inizio della colonizzazione europea della città.

Nel corso dei secoli XVII e XVIII, Montreal fiorì come centro chiave per il commercio di pellicce nel Nord America. La sua posizione strategica lungo il fiume San Lorenzo ne fece un centro vitale per il commercio e i trasporti, attirando mercanti e commercianti da tutto il continente. La crescita della città fu ulteriormente alimentata dalla creazione di fortificazioni militari, che contribuirono a garantire la sua posizione di roccaforte strategica nella Nuova Francia.

Nel 19esimo secolo, Montreal era emersa come una vivace città portuale e una potenza industriale, grazie in parte alle ondate di immigrazione dall'Europa e dagli Stati Uniti. L'economia della città è cresciuta, trainata da settori come il trasporto marittimo, l'industria manifatturiera e la finanza. La variegata popolazione di Montreal ha contribuito alla sua vivace scena culturale, con quartieri pieni di attività e una fiorente comunità artistica.

Il 20° secolo ha portato prosperità e sfide a Montreal. La città ha vissuto una crescita e uno sviluppo senza precedenti, ospitando importanti eventi internazionali come l'Esposizione Universale (Expo 67) e le Olimpiadi estive del 1976, che hanno portato Montreal sulla scena mondiale. Tuttavia, le tensioni politiche tra residenti di lingua inglese e francofona ribollivano sotto la superficie, culminando in un periodo di disordini sociali e politici noto come Rivoluzione Tranquilla. Durante questo periodo, il Quebec subì significativi cambiamenti sociali e culturali, tra cui l'ascesa del movimento separatista e l'approvazione di leggi linguistiche volte a preservare la lingua e la cultura francese.

Nonostante queste sfide, Montreal ha continuato a prosperare come città cosmopolita e multiculturale. Oggi è un simbolo vibrante dell'identità e della resilienza canadese, con i suoi monumenti storici, le istituzioni culturali e i quartieri dinamici che riflettono il diverso patrimonio dei suoi abitanti. Dalle strade acciottolate della Vecchia Montreal ai vivaci mercati di Chinatown, Montreal offre un'accattivante miscela di fascino del vecchio mondo e raffinatezza moderna, invitando i visitatori a esplorare la sua ricca storia e la sua vibrante cultura.

Diversità culturale a Montreal

Montreal è un brillante esempio di diversità culturale, dove un vibrante arazzo di tradizioni, lingue e costumi si intreccia per creare un paesaggio urbano ricco e dinamico. Al centro di questa diversità si trova un crogiolo di culture e comunità, ciascuna delle quali contribuisce all'identità unica della città.

L'eredità francofona di Montreal è profondamente radicata nella sua storia, risalente alla sua fondazione da parte dei coloni francesi nel XVII secolo. Il francese rimane la lingua predominante parlata dalla maggioranza degli abitanti di Montreal, aggiungendo ulteriore fascino europeo alla città. Tuttavia, Montreal non è definita esclusivamente dalle sue radici francofone. È anche sede di una significativa comunità anglofona, con l'inglese che funge da lingua ampiamente parlata in vari ambiti della vita quotidiana. Questa dualità linguistica è emblematica del carattere multiculturale di Montreal, dove la cultura francese e quella inglese coesistono e si intersecano armoniosamente.

Al di là della sua diversità linguistica, Montreal vanta un caleidoscopio di comunità culturali che rappresentano varie etnie, religioni e background. Dalle vivaci culture indigene dei popoli Mohawk, Algonquin e Inuit alle fiorenti popolazioni di immigrati provenienti da ogni angolo del globo, Montreal abbraccia la diversità come aspetto fondamentale della sua identità. Questo mosaico culturale viene celebrato attraverso una miriade di festival, eventi e istituzioni culturali che mettono in mostra il patrimonio multiculturale della città. Il Montreal International Jazz Festival, uno dei più grandi festival jazz del mondo, attira artisti e pubblico da tutto il mondo, mentre il Montreal World Film Festival mette in mostra il meglio del cinema internazionale, offrendo a registi di diversa provenienza una piattaforma per condividere le loro storie. con il pubblico di tutto il mondo.

Le strade di Montreal sono animate dai vibranti panorami e suoni dell'espressione culturale, dai colorati murales che adornano gli edifici della città agli eclettici spettacoli di musica e danza che animano i suoi spazi pubblici. La scena culinaria di Montreal è altrettanto diversificata, con una moltitudine di ristoranti che servono piatti di tutto il mondo. Che si tratti di indulgere in prelibatezze tradizionali francesi in un caratteristico bistrot nella Vecchia Montreal o di assaporare i sapori dell'Asia, del Medio Oriente o dell'America Latina in uno dei tanti ristoranti etnici della città, i visitatori vengono trattati in un viaggio culinario che riflette il tessuto multiculturale di Montreal.

Uno degli aspetti più notevoli della diversità culturale di Montreal è il suo atteggiamento inclusivo e accogliente nei confronti degli immigrati e dei nuovi arrivati. I diversi quartieri della città ospitano vivaci enclavi etniche, dove residenti provenienti da contesti diversi si riuniscono per celebrare il loro patrimonio e le loro tradizioni. Dalle affollate strade di Chinatown ai vivaci mercati di Little Italy e ai vivaci centri culturali del Plateau Mont-Royal, i quartieri di Montreal rappresentano l'incarnazione vivente dell'etica multiculturale della città. Qui, i nuovi arrivati trovano un senso di appartenenza e di comunità, arricchendo il tessuto culturale della città con le loro prospettive ed esperienze uniche.

Capitolo 2

PIANIFICAZIONE DEL TUO VIAGGIO A MONTREAL

Montreal, con la sua incantevole miscela di fascino del vecchio mondo e raffinatezza moderna, invita i viaggiatori con promesse di scoperta e avventura durante tutto l'anno. Immerse in una ricca storia che risale a secoli fa, le strade acciottolate e i monumenti storici della città testimoniano la sua eredità duratura. Dall'iconica Basilica di Notre-Dame alle affollate strade della Vecchia Montreal, ogni angolo della città racconta una storia in attesa di essere scoperta. Inoltre, la vibrante cultura di Montreal, influenzata dalla sua eredità francese e inglese, pulsa attraverso i suoi quartieri eclettici, dove arte, musica e cucina convergono per creare un arazzo di esperienze diverso da qualsiasi altro. Che tu stia esplorando l'enclave bohémien di Plateau Mont-Royal o immergendoti nel centro multiculturale di Mile End, le diverse attrazioni della città offrono qualcosa per i gusti di ogni viaggiatore.

Tuttavia, per sfruttare al meglio la tua visita a Montreal, una pianificazione meticolosa è fondamentale. Fattori come il periodo migliore per visitare, le opzioni di trasporto e i requisiti per il visto svolgono tutti un ruolo cruciale nel garantire un viaggio senza intoppi e indimenticabile. Comprendendo le sfumature di ogni stagione – dai vivaci festival estivi al paese delle meraviglie innevato dell'inverno – i viaggiatori possono personalizzare il proprio itinerario per allinearlo ai propri interessi e preferenze. Inoltre, familiarizzare con le varie opzioni di trasporto, sia in aereo, in treno o in auto, consente una maggiore flessibilità e accessibilità durante la navigazione in città e nelle regioni circostanti. Inoltre, essere consapevoli dei requisiti di visto e di ingresso, inclusa la necessità di un'autorizzazione elettronica di viaggio (eTA) o di un visto turistico, garantisce un processo di arrivo regolare e tranquillità durante tutto il viaggio. Con un'attenta pianificazione e attenzione ai dettagli, i viaggiatori possono intraprendere un viaggio trasformativo a Montreal, dove ogni momento si svolge come un caro ricordo in divenire.

Periodo migliore per visitare Montreal

Montreal, con la sua miscela dinamica di ricchezza culturale e splendore stagionale, offre un'esperienza accattivante ai viaggiatori tutto l'anno. Scegliere il momento ideale per visitare questa incantevole città può migliorare significativamente la tua esplorazione complessiva, assicurandoti di dedicarti a una vasta gamma di attività ed esperienze in linea con i tuoi interessi e preferenze. Mentre ogni stagione svela il suo fascino unico, Montreal si rivela come un vibrante arazzo di festival culturali, avventure all'aria aperta e delizie culinarie in attesa di essere assaporate.

La primavera (da marzo a maggio) annuncia un periodo di rinnovamento e ringiovanimento a Montreal mentre la città emerge dalla morsa dell'inverno. Le strade esplodono delle tonalità vibranti dei fiori che sbocciano, mentre le temperature iniziano a salire, segnalando il clima perfetto per l'esplorazione all'aria aperta. Questa stagione offre un'opportunità ideale per immergersi nella bellezza naturale della città, con attrazioni come il Mount Royal Park e il Giardino Botanico di Montreal che prendono vita con i colori e i profumi della primavera. Mentre la neve si scioglie, la scena dei festival di Montreal entra in azione, con eventi come il Montreal en Lumière e il Montreal Jazz Festival che affascinano il pubblico di tutto il mondo. Che tu stia assaporando la deliziosa cucina nei food truck lungo le strade o ballando al ritmo di spettacoli di musica dal vivo, la primavera a Montreal promette un'esperienza incantevole per ogni viaggiatore.

L'estate (da giugno ad agosto) trasforma Montreal in un vivace centro di attività, mentre la città si crogiola nel caldo abbraccio di lunghe giornate soleggiate e serate miti. Con un ricco calendario di eventi e festival, tra cui il rinomato concorso internazionale di fuochi d'artificio e il festival della commedia Just for Laughs, non c'è mai un momento di noia a Montreal durante i mesi estivi. Gli appassionati di attività all'aria aperta possono dedicarsi a una miriade di attività, dal ciclismo lungo il pittoresco canale Lachine al picnic in uno dei lussureggianti parchi di Montreal. I vivaci quartieri della città si animano con artisti di strada, mercati all'aperto e cene all'aperto, offrendo ai visitatori un assaggio della cultura eclettica e della scena culinaria di Montreal. Che tu stia ammirando le viste mozzafiato dalla cima del Mont Royal o rinfrescandoti con un tuffo rinfrescante nel fiume San Lorenzo, l'estate a Montreal è un periodo di infinite possibilità e ricordi indimenticabili.

Mentre le tonalità vibranti dell'estate sfumano nei toni dorati dell'autunno (da settembre a novembre), Montreal si trasforma in un pittoresco paese delle meraviglie, offrendo una festa per i sensi ad ogni angolo. I parchi e gli spazi verdi della città si animano con i colori infuocati dell'autunno, offrendo uno scenario straordinario per piacevoli passeggiate e percorsi panoramici. L'autunno a Montreal segna anche la stagione del raccolto, con mercati contadini e festival gastronomici che mettono in mostra l'abbondante raccolto della cucina del Quebec. I visitatori possono concedersi delizie stagionali come mele appena raccolte, prelibatezze salate allo sciroppo d'acero e cibi sostanziosi e confortanti che riscaldano l'anima. Che tu stia esplorando le strade storiche della Vecchia Montreal o ammirando l'abilità artistica degli artigiani locali alle fiere dell'artigianato all'aperto, l'autunno a Montreal ti invita ad abbracciare la bellezza del cambiamento e ad assaporare i piaceri semplici della stagione.

L'inverno (da dicembre a febbraio) ricopre Montreal con uno scintillante manto di neve, trasformando la città in un magico paese delle meraviglie invernale, uscito direttamente da una fiaba. Anche se le temperature possono scendere, lo spirito della città rimane caldo e invitante, con una serie di attività invernali e feste per deliziare i visitatori di tutte le età. Gli appassionati di attività all'aria aperta possono praticare una varietà di sport invernali, dal pattinaggio sul ghiaccio nell'incantevole cornice della Vecchia Montreal alle ciaspolate lungo i sentieri innevati di Mount Royal. I parchi della città si trasformano in parchi giochi innevati, offrendo opportunità per andare in slitta o in slittino e costruire pupazzi di neve con la famiglia e gli amici. Lo spirito festivo di Montreal brilla di più durante le festività natalizie, con mercatini di Natale, spettacoli di luci abbaglianti e celebrazioni vivaci che riempiono le strade di gioia e allegria. I visitatori possono riscaldarsi con una tazza fumante di cioccolata calda o concedersi la quintessenza della delizia del Quebec, la poutine, ricoperta di salsa saporita e cagliata di formaggio. Che tu stia ammirando i panorami mozzafiato dalla ruota panoramica di Montreal o rilassandoti accanto al caminetto in un affascinante bed and breakfast, l'inverno a Montreal è un momento di incanto e meraviglia che promette di catturare il tuo cuore e la tua immaginazione.

Come arrivare a Montreal

Montreal, una vivace metropoli situata nel cuore del Quebec, accoglie viaggiatori da tutto il mondo a braccia aperte. Raggiungere questa vivace città è relativamente facile, grazie alla sua infrastruttura di trasporti ben collegata e alla vicinanza alle principali città del Nord America e dell'Europa. Che tu arrivi dall'altra parte dell'Atlantico o dalle province vicine, Montreal offre una varietà di opzioni di trasporto per soddisfare le esigenze e le preferenze di ogni viaggiatore.

1.Di Aria:

Montreal è servita da due aeroporti principali: l'aeroporto internazionale di Montréal-Pierre Elliott Trudeau (YUL) e l'aeroporto internazionale di Montréal-Mirabel (YMX). L'aeroporto di Trudeau, situato a circa 20 chilometri a ovest del centro di Montreal, funge da gateway principale per i voli internazionali, offrendo collegamenti con destinazioni in tutto il mondo. Le sue strutture moderne e i servizi efficienti garantiscono un'esperienza di arrivo fluida per i viaggiatori. All'atterraggio all'aeroporto di Trudeau, i visitatori possono raggiungere facilmente il centro città tramite varie opzioni di trasporto, inclusi taxi, navette e mezzi pubblici. La vicinanza dell'aeroporto alle principali autostrade e arterie stradali rende conveniente per i viaggiatori accedere tempestivamente al centro di Montreal e alle aree circostanti.

2. Di Treno:

Viaggiare a Montreal in treno offre un'alternativa comoda e panoramica, soprattutto per chi arriva da città vicine come Toronto o New York. VIA Rail Canada gestisce servizi ferroviari regolari per Montreal da varie destinazioni in tutto il paese, tra cui Ottawa, Quebec City e Halifax. Con comodi posti a sedere, servizi a bordo e viste pittoresche del paesaggio canadese, il viaggio in treno consente ai passeggeri di sedersi, rilassarsi e godersi il viaggio. Inoltre, Amtrak fornisce servizi ferroviari per Montreal da città selezionate degli Stati Uniti, tra cui New York e Boston, rendendola un'opzione accessibile per i viaggiatori internazionali che cercano un modo semplice e senza stress per raggiungere Montreal.

3. Di Autobus:

Per i viaggiatori attenti al budget o per coloro che cercano un'opzione di viaggio più flessibile, i servizi di autobus offrono un modo conveniente e conveniente per raggiungere Montreal dalle città e regioni vicine. Compagnie come Greyhound e Megabus gestiscono servizi di autobus per Montreal da destinazioni in tutto il Canada e negli Stati Uniti nordorientali, con partenze frequenti e tariffe competitive. Con comodi posti a sedere, servizi a bordo e orari affidabili, i viaggi in autobus offrono ai viaggiatori la flessibilità di esplorare Montreal e le aree circostanti al proprio ritmo. Inoltre, i terminal degli autobus a Montreal sono convenientemente situati nel centro della città, facilitando ai passeggeri l'accesso ai collegamenti di trasporto e alle attrazioni locali all'arrivo.

4. Di Auto:

Per i viaggiatori che preferiscono la libertà e la flessibilità della guida, raggiungere Montreal in auto è un'opzione popolare. La rete stradale ben mantenuta della città, comprese le principali autostrade come la Trans-Canada Highway (Autoroute 20) e la Quebec Autoroute 40, collega Montreal alle città del Quebec e al resto del Canada. I viaggiatori provenienti dagli Stati Uniti possono anche attraversare il confine con il Canada attraverso vari valichi di frontiera, compresi quelli nel Vermont, New York e Maine. Con percorsi panoramici, aree di sosta e un comodo accesso a servizi e comodità lungo il percorso, guidare a Montreal offre un'esperienza di viaggio coinvolgente e personalizzabile per gli avventurieri che desiderano esplorare la strada aperta.

Requisiti per il visto e l'ingresso

Prima di intraprendere il viaggio a Montreal, è fondamentale assicurarsi di possedere tutti i requisiti necessari per il visto e l'ingresso per entrare in Canada legalmente e senza problemi. Questi requisiti possono variare a seconda della tua nazionalità, dello scopo della tua visita e della durata del tuo soggiorno. Comprendendo e soddisfacendo questi prerequisiti, puoi evitare potenziali complicazioni e garantire un ingresso agevole nel paese.

Per i cittadini di alcuni paesi, soprattutto quelli con forti legami diplomatici con il Canada, entrare nel paese per soggiorni brevi fino a sei mesi è relativamente semplice. Questi paesi, inclusi gli Stati Uniti, gli stati membri dell'Unione Europea e l'Australia, sono considerati esenti dal visto, il che significa che i loro cittadini non necessitano di visto per visitare il Canada. Dovranno invece ottenere un'autorizzazione elettronica di viaggio (eTA) prima di imbarcarsi sul volo per il Canada. L'eTA è un semplice processo di richiesta online facilitato attraverso il sito web ufficiale del governo canadese. Fornendo informazioni personali di base e rispondendo ad alcune domande relative all'idoneità e alla cronologia dei viaggi, i richiedenti possono ricevere l'approvazione eTA in pochi minuti, garantendo loro il permesso di viaggiare in Canada.

Tuttavia, per i cittadini di paesi che non sono inclusi nell'elenco dei paesi esenti dal visto, ottenere un visto turistico, noto anche come visto di residenza temporanea (TRV), è un passo necessario prima di recarsi in Canada. Il visto turistico consente alle persone di entrare in Canada per vari scopi, tra cui turismo, riunioni di lavoro o visite familiari, per un periodo di tempo specificato. Per richiedere un visto turistico, i richiedenti devono compilare un modulo di richiesta completo disponibile sul sito ufficiale del governo canadese. Insieme al modulo di domanda, i richiedenti sono tenuti a presentare documenti giustificativi, tra cui un passaporto valido, prova dei mezzi finanziari per coprire il loro soggiorno in Canada ed eventuali documenti aggiuntivi richiesti dalle autorità canadesi per l'immigrazione. Il processo di richiesta può anche includere un colloquio presso l'ambasciata o il consolato canadese nel paese di origine del richiedente per valutare lo scopo della visita e garantire il rispetto delle normative sull'immigrazione.

Oltre a ottenere un visto o un'eTA, i viaggiatori diretti in Canada devono anche essere preparati a soddisfare determinati requisiti di ingresso all'arrivo. Questi requisiti sono progettati per garantire la sicurezza e l'incolumità sia dei viaggiatori che dei residenti in Canada. Uno di questi requisiti è la prova di fondi sufficienti a coprire la durata del soggiorno in Canada, compresi alloggio, trasporto e spese quotidiane. Ciò può essere dimostrato tramite estratti conto bancari, estratti conto di carte di credito o una lettera di sostegno finanziario da parte di uno sponsor, se applicabile. Inoltre, i viaggiatori devono possedere un passaporto valido con almeno sei mesi di validità rimanenti oltre la data di partenza prevista dal Canada. Il mancato rispetto di questo requisito potrebbe comportare il rifiuto dell'ingresso nel Paese.

Inoltre, i viaggiatori dovrebbero essere consapevoli di eventuali norme di salute e sicurezza applicabili al loro ingresso in Canada. È essenziale rimanere informati su eventuali aggiornamenti o modifiche a queste normative e rispettarle di conseguenza per garantire un ingresso agevole e senza problemi nel paese.

Capitolo 3

OPZIONI DI ALLOGGIO A MONTREAL

Montreal, la vivace metropoli situata nel cuore del Quebec, affascina i visitatori con la sua ricca storia, la sua cultura vibrante e l'atmosfera dinamica. Essendo una delle città più grandi del Canada, Montreal attira viaggiatori da tutto il mondo con la sua vasta gamma di opzioni di alloggio. Dal lusso opulento degli hotel a cinque stelle al fascino accogliente delle pensioni economiche, Montreal si rivolge a ogni tipo di viaggiatore, garantendo un soggiorno confortevole e memorabile a tutti coloro che la visitano. Che tu stia esplorando le strade acciottolate della Vecchia Montreal, immergendoti nella vista da Mount Royal o immergendoti nella rinomata scena culinaria della città, trovare il posto perfetto per riposare la testa a fine giornata è facilissimo in questo centro cosmopolita .

In questo capitolo analizzerò la miriade di opzioni di alloggio che Montreal ha da offrire, fornendo informazioni sui migliori hotel della città, sugli ostelli economici e sulla crescente tendenza degli affitti per le vacanze. Con la sua vasta gamma di sistemazioni, Montreal invita i viaggiatori a vivere la città alle loro condizioni, sia che preferiscano il servizio personalizzato di un boutique hotel, l'atmosfera comunitaria di un ostello o la libertà e la flessibilità di una casa vacanza. Indipendentemente dal budget o dalle preferenze, le opzioni di alloggio di Montreal assicurano che ogni viaggiatore possa trovare la propria casa ideale lontano da casa in questa affascinante città canadese.

Alberghi a Montréal

Montreal, la capitale culturale del Quebec, accoglie i visitatori con una vasta gamma di sistemazioni alberghiere, adatte a tutti i gusti e tutte le tasche. Dagli opulenti stabilimenti a cinque stelle agli accoglienti boutique hotel e alle catene economiche, il panorama dell'ospitalità di Montreal garantisce che ogni viaggiatore trovi la casa perfetta lontano da casa in questa vibrante città.

Per coloro che cercano l'epitome del lusso e della raffinatezza, Montreal vanta diversi iconici hotel a cinque stelle che ridefiniscono il significato di indulgenza. Tra questi prestigiosi locali spicca l'illustre Ritz-Carlton Montreal, un punto di riferimento senza tempo sinonimo di eleganza e raffinatezza. Situato nel cuore del Golden Square Mile, questo storico hotel emana il fascino del vecchio mondo offrendo allo stesso tempo comfort moderni e un servizio impeccabile. Gli ospiti possono usufruire di suite spaziose decorate con arredi raffinati, esperienze culinarie raffinate presso il rinomato ristorante Maison Boulud e trattamenti termali rigeneranti presso il centro benessere all'avanguardia. Con la sua posizione privilegiata vicino alle principali attrazioni e ai monumenti culturali di Montreal, tra cui il Museo delle Belle Arti di Montreal e la McGill University, il Ritz-Carlton Montreal garantisce un soggiorno indimenticabile per i viaggiatori più esigenti che cercano l'apice del lusso.

Allo stesso modo, il Fairmont The Queen Elizabeth è un simbolo di prestigio e raffinatezza nel cuore del centro di Montreal. Vantando una ricca storia che risale alla sua inaugurazione nel 1958, questo iconico hotel ha accolto dignitari, celebrità e viaggiatori esigenti provenienti da tutto il mondo. Rinomato per la sua ospitalità senza pari e servizi di prima classe, il Fairmont The Queen Elizabeth offre agli ospiti un'esperienza davvero coinvolgente nel cuore della città. Dalle camere elegantemente arredate con vista sulle vivaci strade di Montreal alle squisite opzioni per la ristorazione presso il rinomato ristorante Beaver Club, ogni aspetto dell'hotel trasuda lusso e raffinatezza. Inoltre, con la sua comoda posizione adiacente alla vivace città sotterranea e a pochi passi da famose attrazioni come la Basilica di Notre-Dame e Place des Arts, il Fairmont The Queen

Elizabeth assicura un soggiorno indimenticabile agli ospiti che desiderano esplorare i tesori culturali di Montreal.

Per i viaggiatori che desiderano un mix di lusso e storia, l'Hotel Bonaventure Montreal offre un'esperienza unica sullo sfondo dello skyline della città. Arroccata in cima a uno splendido grattacielo di vetro, questa oasi urbana vanta viste panoramiche sui monumenti più iconici di Montreal, tra cui il Monte Royal e il fiume San Lorenzo. Gli ospiti possono rilassarsi con stile nella piscina panoramica e nei giardini dell'hotel, dove la vegetazione lussureggiante e le cascate creano un rifugio tranquillo in mezzo al trambusto urbano. Inoltre, il centro fitness all'avanguardia dell'hotel, le strutture termali e le opzioni per la ristorazione gourmet assicurano un'esperienza davvero appagante per i viaggiatori più esigenti che cercano relax e ringiovanimento nel cuore della città.

Per coloro che desiderano un soggiorno più intimo e personalizzato, i boutique hotel di Montreal offrono un'affascinante alternativa alle tradizionali sistemazioni di lusso. Immerso nelle strade storiche della Vecchia Montreal, l'Hotel Nelligan trasuda eleganza e fascino di ispirazione europea. Ospitato in un edificio del XIX secolo splendidamente restaurato, questo boutique hotel combina l'architettura classica con comfort moderni per creare un rifugio romantico per coppie e viaggiatori esigenti. Gli ospiti possono rilassarsi nelle accoglienti sale con caminetto dell'hotel, sorseggiare un cocktail presso il bar sulla terrazza panoramica ed esplorare le vivaci strade acciottolate del quartiere fiancheggiate da gallerie d'arte, boutique e caffè. Allo stesso modo, Le Saint-Sulpice Hotel Montreal offre un'oasi serena nel cuore del vivace centro città. Con le sue spaziose suite, i giardini del cortile e la tranquilla spa, questo boutique hotel offre agli ospiti un rifugio tranquillo dal trambusto della vita urbana, pur essendo a pochi passi dalle principali attrazioni e destinazioni gastronomiche di Montreal.

Inoltre, Montreal offre una varietà di opzioni di hotel economici per i viaggiatori che cercano sistemazioni convenienti senza sacrificare il comfort o la convenienza. Gli hotel della catena come il Best Western Montreal Downtown e l'Holiday Inn Montreal Centre-Ville Downtown offrono sistemazioni confortevoli a prezzi ragionevoli, rendendoli la scelta ideale per i viaggiatori attenti al budget che desiderano esplorare le attrazioni e le offerte culturali della città. Con la loro comoda posizione, i comfort moderni e il servizio cordiale, questi hotel offrono una base accogliente affinché gli ospiti possano sperimentare il meglio di Montreal senza spendere una fortuna.

Ostelli e alloggi economici

Gli ostelli e le sistemazioni economiche a Montreal si rivolgono a una vasta gamma di viaggiatori, dai viaggiatori con lo zaino in spalla in cerca di avventura ai giramondo attenti al budget che desiderano esplorare la città senza spendere una fortuna. Queste opzioni di alloggio convenienti offrono molto più di un semplice posto dove dormire: offrono una vivace atmosfera comunitaria, opportunità di scambio culturale e la possibilità di vivere Montreal come una persona del posto.

M Montreal Hostel e Auberge HI Montreal sono due ottimi esempi di ostelli che offrono sistemazioni confortevoli e convenienti per i viaggiatori con un budget limitato. Situati nel cuore della città, questi ostelli offrono camere in stile dormitorio con servizi in comune, rendendoli perfetti per viaggiatori singoli o gruppi di amici che desiderano entrare in contatto con avventurieri che la pensano allo stesso modo. Le aree comuni di questi ostelli, inclusi saloni, cucine e terrazze all'aperto, fungono da spazi di ritrovo dove gli ospiti possono socializzare, scambiare storie di viaggio e stringere nuove amicizie. Che si tratti di cucinare un pasto in comune in cucina, rilassarsi nell'area comune con un libro o godersi un drink sulla terrazza, questi ostelli promuovono un senso di cameratismo e comunità che migliora l'esperienza di viaggio complessiva.

Ciò che distingue gli ostelli dagli hotel tradizionali è la loro enfasi sull'interazione sociale e sullo scambio culturale. Dalle attività di gruppo organizzate alle conversazioni improvvisate nelle aree comuni, gli ostelli offrono ampie opportunità ai viaggiatori di entrare in contatto sia con la gente del posto che con altri viaggiatori da tutto il mondo. Questo senso di comunità è particolarmente prezioso per i viaggiatori singoli, che possono trovare conforto e compagnia nelle esperienze condivise della vita in ostello. Inoltre, l'accessibilità economica degli ostelli consente ai viaggiatori di aumentare ulteriormente il proprio budget, liberando fondi per altre esperienze come cenare fuori, esplorare attrazioni o partecipare a visite guidate.

Oltre agli ostelli tradizionali, Montreal offre anche una varietà di pensioni e bed-and-breakfast economici che offrono sistemazioni accoglienti in affascinanti quartieri residenziali. Luoghi come l'Auberge de La Fontaine e l'Auberge du Plateau-Mont-Royal offrono un'esperienza di alloggio più intima, con un servizio personalizzato e un'atmosfera familiare. Queste pensioni dispongono spesso di camere decorate individualmente, spazi abitativi comuni e colazione gratuita, consentendo agli ospiti di godere dei comfort di casa mentre si immergono nella cultura locale.

Soggiornare in un alloggio economico a Montreal non solo fa risparmiare denaro, ma offre anche un'esperienza di viaggio più autentica e coinvolgente. Soggiornando in quartieri residenziali lontani dalle folle di turisti, i viaggiatori hanno l'opportunità di esplorare gemme nascoste, scoprire ristoranti locali e interagire con i residenti che chiamano Montreal casa. Che si tratti di passeggiare per le strade colorate di Plateau Mont-Royal, assaggiare l'autentica cucina del Quebec in un bistrot del quartiere o curiosare tra le boutique e le gallerie di Mile End, soggiornare in una sistemazione economica consente ai viaggiatori di vedere Montreal attraverso una lente diversa.

Case vacanze e opzioni Airbnb

Per i viaggiatori che cercano le comodità di casa lontano da casa, a Montreal abbondano case vacanze e opzioni Airbnb. Dagli eleganti appartamenti nel centro città ai caratteristici cottage in periferia, non mancano le opzioni per soddisfare ogni gusto e budget. Il fascino delle case vacanze risiede nella loro capacità di fornire un'esperienza personalizzata e coinvolgente, consentendo agli ospiti di vivere come gente del posto ed esplorare i vivaci quartieri di Montreal al proprio ritmo.

Piattaforme come Airbnb hanno rivoluzionato il modo in cui i viaggiatori trovano un alloggio, offrendo un'ampia gamma di opzioni per soddisfare ogni preferenza e budget. Che tu stia cercando un accogliente monolocale per una fuga romantica, uno spazioso loft per una vacanza in famiglia o un'incantevole residenza per un ritiro di gruppo, Airbnb ha qualcosa per tutti. La piattaforma consente ai viaggiatori di sfogliare annunci, leggere recensioni e comunicare direttamente con gli host, garantendo un processo di prenotazione senza intoppi e un soggiorno memorabile a Montreal.

Uno dei principali vantaggi di soggiornare in una casa vacanza è la flessibilità che offre ai viaggiatori. A differenza degli hotel tradizionali, le case vacanze offrono un livello di privacy e indipendenza che consente agli ospiti di sentirsi veramente a casa. Dal cucinare i pasti in una cucina completamente attrezzata al rilassarsi in un confortevole soggiorno, le case vacanze offrono tutti i comfort e le comodità di casa. Ciò è particolarmente interessante per i viaggiatori che desiderano sperimentare in prima persona la scena culinaria di Montreal, poiché possono acquistare ingredienti freschi nei mercati locali e preparare i propri pasti utilizzando le autentiche ricette del Quebec.

Inoltre, le case vacanze offrono l'opportunità di immergersi nei diversi quartieri di Montreal e vivere la città come una persona del posto. Sia che tu scelga di soggiornare nel trendy Plateau Mont-Royal, nello storico Mile End o nell'affascinante Le Sud-Ouest, le case vacanze forniscono una base di partenza da cui esplorare le offerte culturali uniche e le gemme nascoste della città. Gli ospiti possono passeggiare per le strade, visitare i caffè e i negozi del quartiere e interagire con i residenti, scoprendo il ricco arazzo di culture e tradizioni di Montreal.

Molte case vacanze sono inoltre dotate di servizi per migliorare l'esperienza degli ospiti. Da Internet ad alta velocità e smart TV agli accoglienti caminetti e terrazze panoramiche, queste strutture offrono una gamma di funzionalità progettate per garantire un soggiorno confortevole e piacevole. Alcune case vacanze includono anche extra come biciclette, barbecue e giochi da tavolo, consentendo agli ospiti di sfruttare al massimo il loro tempo a Montreal e creare ricordi indelebili con i propri cari.

Un altro vantaggio delle case vacanze è la loro idoneità per soggiorni più lunghi. Che tu stia pianificando una vacanza di una settimana o un lungo anno sabbatico, le case vacanze offrono lo spazio e la flessibilità per soddisfare le tue esigenze. Con servizi come lavanderia e ampio spazio di archiviazione, gli ospiti possono disfare le valigie e sistemarsi per un'esperienza davvero coinvolgente a Montreal. Ciò è particolarmente interessante per i nomadi digitali, i lavoratori a distanza e le famiglie che desiderano combinare lavoro e tempo libero mentre esplorano la città.

Oltre ai vantaggi pratici, le case vacanze offrono anche un eccellente rapporto qualità-prezzo. Con tariffe spesso inferiori a quelle di hotel comparabili, le case vacanze offrono un'alternativa conveniente per i viaggiatori che desiderano allungare il proprio budget senza sacrificare il comfort o la convenienza. Scegliendo una casa vacanza, gli ospiti possono godere di sistemazioni spaziose, servizi personalizzati e un'esperienza di viaggio unica che va oltre il tradizionale soggiorno in hotel.

Capitolo 4

ESPLORANDO I QUARTIERI DI MONTREAL

Montreal, con la sua distinta miscela di influenze francesi e nordamericane, testimonia la sua ricca storia e diversità culturale. Dal momento in cui i visitatori mettono piede in città, vengono accolti da un arazzo di esperienze che riflettono il suo passato storico e il suo vibrante presente. La vecchia Montreal, con le sue strade acciottolate e l'architettura secolare, funge da museo vivente del patrimonio coloniale della città. Mentre i visitatori vagano per i suoi vicoli stretti e i monumenti storici, non possono fare a meno di sentirsi trasportati indietro nel tempo, in un'era di commercianti di pellicce ed esploratori. Nel frattempo, il fascino bohémien di Plateau Mont-Royal affascina con i suoi murales colorati, i caffè alla moda e i negozi eclettici. Questo quartiere pulsa di energia creativa, attirando artisti, musicisti e spiriti liberi da tutto il mondo nelle sue strade vivaci.

Man mano che i viaggiatori si addentrano più a fondo nei quartieri di Montreal, scoprono una città tanto diversificata quanto dinamica. Dal centro multiculturale di Mile End alle vivaci strade di Little Italy, ogni quartiere offre uno spaccato unico della vita di Montreal. Che si tratti di assaggiare i bagel a Mile End o di assaporare il gelato a Little Italy, i visitatori vengono accolti in un viaggio culinario che riflette il crogiolo di culture di Montreal. Oltre al cibo, i quartieri di Montreal sono anche una vetrina per la sua fiorente scena artistica e di intrattenimento. Dalle gallerie e teatri ai locali con musica dal vivo e agli artisti di strada, non c'è carenza di espressione creativa in tutta la città. In ogni angolo di Montreal c'è una storia in attesa di essere raccontata, un piatto in attesa di essere assaporato e un'esperienza in attesa di essere condivisa, rendendola una destinazione senza eguali.

Vecchia Montreal

Situata lungo le rive del fiume San Lorenzo, la Vecchia Montreal attira i visitatori con il suo fascino senza tempo e il suo ricco significato storico. Entrare in questo pittoresco quartiere è come entrare in un museo vivente, dove ogni strada acciottolata e ogni facciata esposta alle intemperie raccontano una storia del passato coloniale di Montreal. Mentre vaghi tra i suoi vicoli stretti e i percorsi tortuosi, sentirai un legame palpabile con le radici della città, risalenti ai secoli XVII e XVIII, quando

Montreal era un vivace centro per il commercio di pellicce e un avamposto coloniale.

Nel cuore della Vecchia Montreal si erge la maestosa Basilica di Notre-Dame, un vero gioiello architettonico che attira l'attenzione con le sue guglie svettanti e l'intricata facciata. Entrando, i visitatori vengono accolti da uno spettacolo mozzafiato di architettura neogotica, con dettagli in legno finemente intagliati, vivaci vetrate colorate e un maestoso altare che trasuda riverenza e grandiosità. La ricca storia e il significato religioso della basilica la rendono una destinazione imperdibile per i viaggiatori che cercano di immergersi nel patrimonio culturale di Montreal.

Per coloro che desiderano approfondire il passato di Montreal, il Museo Pointe-à-Callière offre un affascinante viaggio nel tempo. Situato sul sito del primo insediamento della città, questo rinomato museo ripercorre l'evoluzione di Montreal dalle sue radici indigene alla vivace metropoli che è oggi. Attraverso mostre coinvolgenti, reperti archeologici e presentazioni multimediali, i visitatori possono acquisire un nuovo apprezzamento per le diverse culture e civiltà che hanno plasmato l'identità di Montreal nel corso dei secoli. Un punto forte del museo è il suo sito archeologico sotterraneo, dove i visitatori possono seguire le orme dei primi abitanti della città e scoprire strati di storia sepolti sotto le affollate strade sovrastanti.

Oltre ai suoi monumenti storici, la Vecchia Montreal brulica di attività culturali, con gallerie d'arte, boutique e affascinanti caffè lungo le sue strade. Place Jacques-Cartier, una vivace piazza nel cuore del quartiere, funge da centro vivace sia per la gente del posto che per i visitatori. Qui, le terrazze all'aperto si riversano sulle strade acciottolate, mentre gli artisti di strada intrattengono i passanti con musica e balli. È il luogo perfetto per sorseggiare un café au lait in un bar all'aperto, curiosare tra i prodotti artigianali nei mercati all'aperto o semplicemente immergersi nella vivace atmosfera che permea questa storica piazza.

Mentre il sole tramonta sulla Vecchia Montreal, il quartiere si anima con un diverso tipo di energia, mentre la vivace vita notturna della città è al centro della scena. Bar alla moda e ristoranti chic attirano i visitatori con i loro menu allettanti e interni eleganti, mentre i locali con musica dal vivo offrono lo sfondo perfetto per una notte di baldoria e intrattenimento. Che tu stia assaporando un pasto gourmet in un ristorante stellato Michelin o ballando tutta la notte in un jazz club, la Vecchia Montreal offre un assaggio dello stile cosmopolita e della gioia di vivere della città.

Altopiano Mont-Royal

Plateau Mont-Royal, annidato nel cuore di Montreal, attira i visitatori con la sua energia vibrante, l'atmosfera artistica e il fascino rilassato. Essendo uno dei quartieri più amati della città, funge da crogiolo di creatività, cultura e delizie culinarie. Entrare nel Plateau Mont-Royal è come entrare in un mondo in cui ogni angolo racconta una storia e ogni murale sussurra ispirazione artistica.

Una delle caratteristiche distintive di Plateau Mont-Royal sono le sue pittoresche scalinate, che si snodano sul terreno collinare del quartiere come arterie pulsanti di vita. Queste scale, adornate con murales colorati raffiguranti scene di vita urbana, flora e fauna, offrono molto più di un semplice mezzo per attraversare il quartiere: forniscono una tela per gli artisti locali su cui mostrare il loro talento e creatività. Ad ogni passo, i visitatori possono ammirare panorami mozzafiato dello skyline della città, incorniciati da una vegetazione lussureggiante e dall'iconico Mount Royal in lontananza. È un viaggio che invita all'esplorazione, incoraggiando i viaggiatori a rallentare e ad assaporare i panorami, i suoni e gli odori di questo quartiere eclettico.

Nessuna visita al Plateau Mont-Royal sarebbe completa senza concedersi le sue delizie culinarie. Il quartiere vanta un'impressionante gamma di ristoranti, dagli accoglienti bistrot che servono piatti classici francesi ai caffè alla moda che preparano caffè artigianale. Non si può menzionare Plateau Mont-Royal senza rendere omaggio ai suoi leggendari bagel, rinomati per la loro consistenza gommosa e il sapore caratteristico. Dirigiti verso Rue Saint-Viateur, dove panetterie iconiche come Fairmount Bagel e St-Viateur Bagel preparano queste amate prelibatezze da generazioni. Che sia gustato al naturale o condito con crema di formaggio e salmone affumicato, un bagel di Montreal è un'esperienza culinaria da non perdere.

Al di là della sua offerta gastronomica, Plateau Mont-Royal è un fiorente centro di arte e cultura. Il quartiere ospita numerose gallerie, teatri e spazi per spettacoli, ognuno dei quali contribuisce alla sua vivace scena creativa. Il Belgo Building, un'ex fabbrica tessile trasformata in un complesso artistico su più livelli, ospita gallerie che espongono le opere di artisti affermati ed emergenti. I visitatori possono esplorare una vasta gamma di stili e mezzi artistici, dai dipinti contemporanei alle installazioni sperimentali. Nel frattempo, Boulevard Saint-Laurent si anima di notte con i suoni della musica dal vivo provenienti da luoghi intimi come la Casa del Popolo e La Sala Rossa. Che tu sia un fan dell'indie rock, del jazz o dei ritmi elettronici, c'è qualcosa per tutti nell'eclettica scena musicale di Plateau Mont-Royal.

Mile End e Little Italy

Si trova nel cuore di Montreal, Mile End e Little Italy invitano i visitatori con promesse di delizie culinarie, meraviglie artistiche e un vivace arazzo di culture. Questi quartieri adiacenti, ognuno con il proprio carattere distinto, offrono uno sguardo accattivante sul ricco patrimonio e sullo stile contemporaneo della città. Dalle affollate strade di Boulevard Saint-Laurent ai pittoreschi vicoli di Rue Saint-Zotique, Mile End e Little Italy sono destinazioni ricche di fascino e sapore, che invitano all'esplorazione e alla scoperta ad ogni angolo.

Mile End, spesso considerato uno dei quartieri più alla moda di Montreal, è un paradiso per buongustai, modaioli e appassionati d'arte. Mentre i visitatori si snodano lungo Rue Saint-Laurent e Avenue du Mont-Royal, vengono accolti da una serie eclettica di negozi e ristoranti che riflettono lo spirito creativo del quartiere. Negozi di abbigliamento vintage, librerie indipendenti e boutique stravaganti fiancheggiano le strade, offrendo un mix eclettico di tesori in attesa di essere portati alla luce. Tra gli stabilimenti più amati ci sono gli iconici negozi Fairmount Bagel e St-Viateur

Bagel, dove i leggendari bagel di Montreal vengono arrotolati a mano, bolliti e cotti alla perfezione. Queste deliziose prelibatezze, con il loro esterno croccante e l'interno gommoso, sono una testimonianza del patrimonio culinario del quartiere e continuano a deliziare sia la gente del posto che i visitatori.

A pochi passi di distanza si trova Little Italy, una vivace enclave che rende omaggio alle radici italiane di Montreal con un vivace mix di caffè, mercati e monumenti culturali. Una passeggiata lungo Boulevard Saint-Laurent e Rue Saint-Zotique rivela una vivace scena di attività, dove i tradizionali caffè, gelaterie e pasticcerie italiane tentano i passanti con i loro aromi allettanti e delizie appetitose. Tra le destinazioni imperdibili c'è il Jean-Talon Market, il più grande mercato all'aperto del Nord America, dove i visitatori possono immergersi in una festa sensoriale di prodotti freschi, formaggi artigianali e prelibatezze gourmet. Dalla frutta e verdura di stagione alle specialità di carne e pesce, il mercato mette in mostra il meglio della generosità del Quebec e funge da luogo di ritrovo sia per la gente del posto che per i turisti.

Oltre alla loro offerta culinaria, Mile End e Little Italy sono anche fiorenti centri di espressione artistica, con gallerie, studi e spazi per spettacoli che punteggiano il paesaggio. Murales colorati di street art adornano le facciate degli edifici, aggiungendo un tocco di fantasia e creatività al paesaggio urbano. I visitatori possono esplorare le opere di artisti locali in gallerie come Galerie Youn e Arsenal Contemporary Art, o assistere a uno spettacolo di musica dal vivo in luoghi come Casa del Popolo o Sala Rossa. In tutti i quartieri c'è un innegabile senso di energia e creatività che permea l'aria, invitando i visitatori a immergersi nel tessuto culturale di Montreal.

Capitolo 5

ATTRAZIONI DA VEDERE A MONTREAL

Montreal, venerata come la capitale culturale del Canada, emana un fascino irresistibile che attira viaggiatori da tutti gli angoli del globo. La sua incantevole miscela di raffinatezza europea e vitalità nordamericana crea un ambiente unico che affascina i visitatori dal momento in cui arrivano. Con un ricco arazzo di storia, arte e gastronomia intessuto nel suo stesso tessuto, Montreal è una testimonianza del duraturo spirito di creatività e innovazione. Che si tratti di passeggiare per le strade acciottolate della Vecchia Montreal, di ammirare lo skyline dalla cima del Mount Royal o di immergersi nei tesori del Museo delle Belle Arti di Montreal, non mancano le esperienze maestose da vivere in questa vibrante metropoli.

Dalla maestosa Basilica di Notre-Dame all'esteso Mount Royal Park e al Museo delle Belle Arti di Montreal, di fama mondiale, la città offre una vasta gamma di attrazioni che soddisfano ogni gusto e interesse. Che tu sia un appassionato di storia, un appassionato di natura o un appassionato d'arte, Montreal ha qualcosa per deliziarti e ispirarti. Con la sua impareggiabile miscela di patrimonio culturale, bellezza naturale e innovazione artistica, Montreal si distingue davvero come una destinazione da non perdere. Nelle pagine che seguono, ti invito a unirti a me in un viaggio nel cuore di questa vibrante città mentre esploro tre punti di riferimento iconici che incarnano l'essenza del fascino di Montreal.

Basilica di Nostra Signora

Domina maestosamente le strade acciottolate della Vecchia Montreal, la Basilica di Notre-Dame testimonia la ricca storia e lo splendore architettonico della città. Progettata dal famoso architetto irlandese-americano James O'Donnell e completata nel 1829, la basilica è un capolavoro dell'architettura neogotica, catturando l'immaginazione di tutti coloro che ne ammirano la grandiosità.

Non appena i visitatori varcano le imponenti porte della basilica, vengono immediatamente trasportati in un mondo di bellezza maestosa e riverenza spirituale. L'interno della Basilica di Notre-Dame è uno spettacolo mozzafiato di intricati lavori in legno, vivaci vetrate colorate e sculture elaborate che raffigurano scene del patrimonio religioso e culturale di Montreal. Ogni dettaglio, dagli alti soffitti a volta ai delicati intagli che adornano le pareti, parla della maestria e della dedizione degli artigiani che hanno dato vita alla visione di O'Donnell.

Una delle esperienze più accattivanti che attendono i visitatori della Basilica di Notre-Dame è lo spettacolo di luci coinvolgente noto come Aura. Questo spettacolo multimediale combina luci, musica ed effetti visivi per creare un viaggio affascinante attraverso la storia e il simbolismo della basilica. Mentre le sfumature di luce danzano attraverso gli interni decorati, accompagnate da musica eterea e storie narrate del passato di Montreal, i visitatori vengono trasportati in un viaggio trascendente che lascia un'impressione profonda e duratura in tutti coloro che ne sono testimoni.

Al di là del suo splendore architettonico, la Basilica di Notre-Dame occupa un posto speciale nella vita culturale e religiosa di Montreal. Essendo un vivace centro di culto spirituale e incontro comunitario, la basilica ospita regolarmente messe, concerti ed eventi speciali durante tutto l'anno, accogliendo visitatori di tutte le fedi per sperimentarne la bellezza e la tranquillità. Sia che partecipino a una funzione solenne o semplicemente si crogiolino nella serenità del suo spazio sacro, i visitatori sono invitati a immergersi nel ricco arazzo di storia e tradizione che permea le pareti di questo iconico punto di riferimento.

Parco del Monte Reale (Parc du Mont-Royal)

Adagiata sulla cima del pittoresco Mount Royal, un'oasi verdeggiante emerge dal paesaggio urbano, invitando i viaggiatori stanchi a abbandonarsi al sereno abbraccio della natura. Il Mount Royal Park, conosciuto localmente come Parc du Mont-Royal, testimonia l'incrollabile impegno di Montreal nel preservare la sua bellezza naturale in mezzo al vivace paesaggio urbano. Progettato dal leggendario architetto paesaggista Frederick Law Olmsted, le cui famose opere includono l'iconico Central Park di New York, Mount Royal Park è un santuario dove sia gli abitanti delle città che i visitatori cercano conforto e ringiovanimento.

Man mano che si salgono i dolci pendii del Mount Royal, le immagini e i suoni della città svaniscono gradualmente, sostituiti dal fruscio delle foglie e dal dolce profumo del pino. L'estesa distesa del parco si apre davanti agli occhi, offrendo un panorama di vegetazione lussureggiante, laghi tranquilli e sentieri tortuosi che invitano a essere esplorati. È un rifugio dal ritmo frenetico della vita moderna, dove fermarsi, respirare profondamente e riconnettersi con i ritmi della natura.

Nel cuore del Mount Royal Park si trova il suo fiore all'occhiello: i maestosi punti panoramici che offrono ampie vedute dello skyline della città e delle acque serpeggianti del fiume San Lorenzo sottostante. Che siano immersi nelle calde tonalità dell'alba o immersi nella tenue luce del crepuscolo, questi affacci panoramici non mancano mai di affascinare l'anima. I visitatori possono scegliere di intraprendere una piacevole escursione fino alla vetta, dove vengono ricompensati con viste impareggiabili dei monumenti più iconici di Montreal, tra cui gli imponenti grattacieli del centro e lo storico Porto Vecchio.

Per coloro che cercano sollievo dalla calura estiva, Mount Royal Park offre una vasta gamma di attività ricreative per tutti i gusti. Le famiglie si riuniscono per i picnic sui prati rigogliosi, i bambini sguazzano nelle fresche acque del Beaver Lake e gli amanti del sole si crogiolano sotto i raggi dorati che filtrano attraverso la chioma degli alberi. Mentre le stagioni cambiano e l'inverno ricopre il paesaggio di neve, il parco si trasforma in un paese delle meraviglie invernale, dove i visitatori possono scivolare sulla superficie ghiacciata del Beaver Lake o percorrere i sentieri innevati con gli sci di fondo.

L'avventura attende dietro ogni angolo del Mount Royal Park, dove una rete di sentieri escursionistici e piste ciclabili si snoda attraverso fitte foreste e affioramenti rocciosi. Che si imbarchino in un'impegnativa ascesa verso la vetta o si godano una piacevole passeggiata lungo i sentieri tortuosi, gli esploratori vengono ricompensati con scorci di fauna selvatica, cascate nascoste e panorami appartati che offrono un senso di tranquillità e fuga. Per gli avventurieri più audaci, abbondano le opportunità per l'arrampicata su roccia, il birdwatching e persino sessioni di yoga nello splendore naturale del parco.

Museo delle Belle Arti di Montreal

Il Museo delle Belle Arti di Montreal (MMFA) si erge come un faro di eccellenza artistica nel cuore di Montreal, affascinando i visitatori con la sua vasta collezione di capolavori e mostre dinamiche. Fondato nel 1860, il MMFA si è evoluto in una delle principali istituzioni culturali del Canada, attirando ogni anno milioni di appassionati d'arte e menti curiose da tutto il mondo. Appena varchi le sue porte, verrai accolto da uno scrigno di meraviglie artistiche che abbraccia secoli e continenti, offrendo un viaggio completo attraverso gli annali della storia dell'arte.

La collezione permanente del MMFA è una testimonianza dell'ampiezza e della profondità della creatività umana, con opere di alcuni degli artisti più venerati al mondo accanto a gemme meno conosciute in attesa di essere scoperte. Dalla bellezza inquietante dei ritratti di Rembrandt all'audace sperimentazione delle composizioni cubiste di Picasso, ogni pezzo racconta una storia, invitando gli spettatori a contemplare le complessità dell'esperienza umana. E non è solo l'arte occidentale ad essere al centro dell'attenzione al MMFA: il museo vanta anche un'impressionante collezione di arte indigena, che mette in mostra il ricco patrimonio culturale dei popoli delle Prime Nazioni canadesi.

Una delle gioie di visitare il MMFA è l'opportunità di immergersi nella sua lista in continua evoluzione di mostre temporanee, che offrono nuove prospettive sul mondo dell'arte e della cultura. Che tu sia attratto dall'eleganza senza tempo dei capolavori del Rinascimento o dalla sensibilità d'avanguardia dell'arte contemporanea, c'è sempre qualcosa di nuovo ed emozionante da scoprire al MMFA. Mostre recenti hanno esplorato temi che vanno dall'intersezione tra arte e tecnologia all'impatto della globalizzazione sull'espressione artistica, fornendo ai visitatori spunti stimolanti sulla natura in evoluzione della creatività e dell'innovazione. E con l'impegno del museo nel mostrare voci e prospettive diverse, incontrerai sicuramente opere che sfidano i tuoi preconcetti e ampliano i tuoi orizzonti.

Ma il MMFA è molto più di un semplice deposito d'arte: è anche un vivace centro di apprendimento e coinvolgimento, che offre una gamma di programmi educativi ed eventi per visitatori di tutte le età. Che tu sia un appassionato d'arte esperto o un principiante curioso, c'è qualcosa per tutti i gusti, da visite guidate e conferenze a workshop pratici e attività per famiglie. Questi programmi non solo approfondiscono l'apprezzamento delle arti da parte dei visitatori, ma promuovono anche un senso di connessione e comunità, riunendo le persone per condividere il potere di trasformazione della creatività.

Capitolo 6

VIVERE LA SCENA CULINARIA DI MONTREAL

La scena culinaria di Montreal è un vibrante arazzo intessuto dai fili del suo ricco patrimonio culturale e dai diversi background dei suoi abitanti. Le influenze di comunità francesi, italiane, ebraiche e di altre comunità di immigrati si sono fuse insieme nel corso dei secoli, dando vita a un panorama gastronomico tanto dinamico quanto delizioso. Questa fusione di tradizioni culinarie è evidente in ogni boccone, sia che tu stia gustando un piatto tradizionale di ispirazione francese in un accogliente bistrot della Vecchia Montreal o assaporando i sapori speziati di un falafel mediorientale nel vivace quartiere cittadino di Plateau Mont-Royal. . Ogni pasto racconta una storia del tessuto multiculturale di Montreal, invitando i commensali a intraprendere un viaggio culinario che attraversa continenti e secoli.

Al centro della scena culinaria di Montreal ci sono i suoi piatti locali iconici, che fungono da amati simboli dell'identità gastronomica della città. Dalla perfezione gommosa dei bagel in stile Montreal all'abbraccio confortante di una ciotola fumante di poutine, questi piatti caratteristici sono una testimonianza della duratura eredità culinaria della città. Ma l'offerta culinaria di Montreal va ben oltre i suoi classici punti di riferimento, con una fiorente scena di ristoranti che vanta di tutto, dagli innovativi locali di cucina raffinata agli accoglienti ristoranti di quartiere. Forse stai cercando una cena romantica per due o un vivace brunch per incontrare gli amici, Montreal offre un'abbondanza di opzioni per soddisfare ogni gusto e occasione. E con i suoi vivaci mercati alimentari e la vivace scena dello street food che aggiungono un ulteriore livello di eccitazione al mix, non c'è mai stato un momento migliore per esplorare i sapori allettanti di questo paradiso gastronomico.

Cibi iconici di Montreal

Il panorama culinario di Montreal è una tela dipinta con le sfumature della tradizione, dell'innovazione e della diversità culturale. È una città dove il cibo non è solo sostentamento; è un'esperienza, una celebrazione del sapore e del patrimonio. E al centro di questo arazzo gastronomico si trovano i cibi iconici di Montreal, apprezzati sia dalla gente del posto che dai visitatori come simboli dell'identità culinaria della città.

Il primo di questi tesori culinari è il leggendario bagel in stile Montreal, una creazione umile ma amata che ha catturato i cuori (e le papille gustative) di innumerevoli appassionati in tutto il mondo. A differenza della sua controparte newyorkese, il bagel di Montreal è più piccolo, più denso e leggermente più dolce, grazie al suo impasto infuso al miele. Ma ciò che lo distingue davvero è il metodo di preparazione: ogni bagel viene arrotolato a mano, bollito in acqua zuccherata con miele e poi cotto in forni a legna fino a doratura. Il risultato? Una delizia gommosa e leggermente croccante, perfetta da sola o condita con una crema di formaggio cremoso. St-Viateur Bagel e Fairmount Bagel sono i pilastri gemelli della scena dei bagel di Montreal, ciascuno con il proprio seguito fedele e una reputazione fieramente difesa. Spesso le code serpeggiano fuori dalla porta di questi locali iconici, mentre i clienti attendono con impazienza i loro bagel appena sfornati, ancora caldi dal forno e pieni di sapore.

Ma nessuna esplorazione del panorama culinario di Montreal sarebbe completa senza indulgere al comfort food più famoso della città: la poutine. Nata nei cucchiai unti e nelle trattorie lungo la strada del Quebec, la poutine è una miscela semplice ma irresistibile di patatine fritte croccanti, cagliata di formaggio cigolante e salsa saporita. Anche se le origini della poutine sono avvolte nel mistero e nel dibattito, una cosa è certa: è un piatto che parla all'anima – e allo stomaco – di ogni cittadino del Quebec. Per i puristi, niente batte la versione classica, con il suo perfetto equilibrio tra consistenze e sapori. E a Montreal non mancano gli stabilimenti che servono questo amato piatto, dagli umili fast food ai ristoranti di lusso. La Banquise, un'istituzione poutine aperta 24 ore su 24, è una delle preferite sia dalla gente del posto che dai turisti, offrendo un ampio menu con colpi di scena creativi sulla ricetta classica. Che tu preferisca il tuo condito con carne affumicata, foie gras o anche formaggio vegano, La Banquise ha qualcosa per soddisfare ogni desiderio.

Naturalmente, nessun viaggio culinario a Montreal sarebbe completo senza concedersi il dolce più amato della regione: lo sciroppo d'acero. Sinonimo dell'identità canadese, lo sciroppo d'acero è più di un semplice condimento: è un simbolo di tradizione, artigianalità e generosità della natura. E a Montreal, lo sciroppo d'acero è al centro di una varietà di deliziose prelibatezze, dal taffy all'acero alla torta di zucchero d'acero. Il taffy d'acero, noto anche come tire d'érable, è un dolce tradizionale canadese preparato versando lo sciroppo d'acero caldo sulla neve fresca, dove si solidifica rapidamente in una delizia appiccicosa e gommosa. È una delizia stagionale apprezzata durante i mesi invernali, soprattutto durante le celebrazioni festive della stagione degli zuccheri del Quebec. Nel frattempo, la torta di zucchero d'acero è una delle preferite tutto l'anno che mette in mostra i sapori ricchi e caramellati dello sciroppo d'acero in un guscio di pasta burrosa. Realizzato con un ripieno semplice ma goloso di uova, panna e sciroppo d'acero, questo delizioso dessert è il modo perfetto per concludere ogni pasto a Montreal.

I migliori ristoranti e caffè

La scena gastronomica di Montreal è un arazzo dinamico intessuto di tradizione e innovazione, che offre una vasta gamma di esperienze culinarie per soddisfare ogni gusto e stato d'animo. Dagli accoglienti bistrot che servono cucina classica francese ai ristoranti alla moda che spingono i confini dell'innovazione culinaria, il panorama gastronomico della città è vario quanto la sua popolazione. Una destinazione eccezionale per gli appassionati di cucina più esigenti è Toqué!, un ristorante stellato Michelin diretto dall'acclamato chef Normand Laprise. Immerso nel cuore della scena culinaria di Montreal, Toqué! si è guadagnato una reputazione per il suo servizio impeccabile e i menu degustazione creativi che mettono in mostra il meglio dei prodotti stagionali del Quebec. Con piatti realizzati con ingredienti di provenienza locale e un impegno per pratiche sostenibili, cenando al Toqué! non è solo un pasto: è un viaggio culinario che celebra i ricchi sapori e le consistenze della regione.

Per coloro che cercano un assaggio del patrimonio culinario di Montreal, una visita allo Schwartz's Deli è d'obbligo. Da quando ha aperto i battenti nel 1928, Schwartz's è diventata un'istituzione amata, rinomata per i suoi iconici panini con carne affumicata. Ogni boccone di carne tenera e affettata sottilmente è una testimonianza della dedizione della gastronomia alla qualità e alla tradizione, trasportando i commensali indietro nel tempo, all'epoca d'oro delle gastronomie ebraiche di Montreal. Che siano gustati sul pane di segale con un pizzico di senape piccante o impilati su un piatto con un contorno di sottaceti, i panini con carne affumicata di Schwartz sono un rito di passaggio sia per i visitatori che per la gente del posto, offrendo un assaggio del patrimonio culinario di Montreal con ogni boccone salato.

Anche se Montreal è forse meglio conosciuta per le sue delizie salate, la cultura del caffè della città è altrettanto meritevole di elogio. Con una miriade di caffè che servono birre sapientemente preparate e deliziosi pasticcini, Montreal offre un rifugio per gli appassionati di caffeina che cercano la loro prossima dose. Uno di questi gioielli è il Café Olimpico, un accogliente caffè in stile italiano situato nel cuore del quartiere di Mile End.

Qui, la gente del posto si riunisce per assaporare un forte caffè espresso e concedersi pasticcini appena sfornati mentre si immerge nell'atmosfera rilassata e nel fascino vintage del bar. Nel frattempo, il Pikolo Espresso Bar, con il suo elegante arredamento minimalista e gli scatti sapientemente realizzati, offre una versione moderna della tradizionale esperienza del caffè. Situato nel vivace centro del centro di Montreal, Pikolo è uno dei preferiti sia dagli abitanti delle città che dai turisti, offrendo una gradita tregua dal trambusto della vita cittadina.

Mercati alimentari e cibo di strada

L'arazzo culinario di Montreal è intessuto non solo tra le mura dei suoi rinomati ristoranti, ma anche tra la vivace energia dei suoi mercati alimentari e gli aromi gustosi che si diffondono dai suoi venditori di cibo di strada. Per un vero assaggio della diversità culinaria di Montreal in una comoda posizione, non c'è bisogno di guardare oltre il vivace mercato Jean-Talon. Immerso nel cuore di Little Italy, questo vasto mercato all'aperto è un paradiso per gli amanti del cibo, offrendo una vasta gamma di prodotti freschi, formaggi artigianali e prelibatezze gourmet provenienti direttamente da agricoltori e produttori locali.

Quando sono entrato nell'atmosfera vivace del mercato Jean-Talon, sono stato immediatamente accolto da un caleidoscopio di colori e una sinfonia di profumi. Bancarelle piene di frutta e verdura vivaci fiancheggiavano i sentieri, mentre l'aroma allettante del pane appena sfornato e delle carni sfrigolanti riempiva l'aria. Dai carnosi pomodori cimelio alle erbe profumate e alle spezie esotiche, ogni angolo del mercato invitava con la promessa di delizie culinarie in attesa di essere scoperte.

Uno dei momenti salienti della mia visita al mercato Jean-Talon è stata l'opportunità di assaggiare le autentiche specialità del Québécois, preparate con amore da artigiani locali. Non ho potuto resistere alla tentazione di concedermi un'ostrica appena sgusciata, la sua dolcezza salata mi trasportava sulle rive del fiume San Lorenzo. Nelle vicinanze, un venditore versava abilmente la pastella su una piastra sfrigolante, trasformandola in crêpe dorate ripiene di formaggio cremoso e prosciutto saporito. Ad ogni boccone ho assaporato i sapori del ricco patrimonio culinario del Quebec, apprezzando la cura e l'artigianalità di ogni piatto.

Ma il mercato Jean-Talon è molto più di un semplice luogo in cui fare la spesa: è un vivace centro comunitario in cui sia la gente del posto che i visitatori si riuniscono per celebrare le gioie del cibo. Mentre passeggiavo tra i corridoi, ho avviato conversazioni con venditori desiderosi di condividere le loro conoscenze e la passione per il loro mestiere. Dai produttori di formaggio che offrivano assaggi delle loro migliori creazioni ai panettieri che mostravano con orgoglio i loro pani artigianali, ogni interazione è stata una testimonianza della dedizione e della competenza che definiscono la scena culinaria di Montreal.

Per coloro che desiderano un'immersione più profonda nel panorama gastronomico di Montreal, un tour gastronomico nei vivaci quartieri della città è d'obbligo. Guidati da guide esperte, questi tour offrono l'opportunità di esplorare le diverse offerte culinarie della città mentre si impara a conoscere la sua storia e cultura. Dalle strade storiche della Vecchia Montreal agli eclettici quartieri di Plateau Mont-Royal e Mile End, ogni tappa del tour offre uno sguardo unico sul patrimonio culinario di Montreal.

Durante il mio tour gastronomico a Montreal, ho avuto il piacere di assaggiare una varietà di specialità locali, dalle gustose carni affumicate ai deliziosi pasticcini. In una vivace panetteria di Mile End, ho guardato con stupore mentre gli abili fornai stendevano l'impasto e lo modellavano in croissant sfogliati e burroso dolore al cioccolato. A Plateau Mont-Royal, ho sorseggiato un espresso vellutato in un accogliente bar mentre sgranocchiavo delicati macaron, ogni boccone una sinfonia di sapori e consistenze.

Ma forse la parte più memorabile del tour gastronomico è stata l'opportunità di visitare la vivace scena dello street food di Montreal. Mentre vagavamo per le strade della città, ci siamo imbattuti in una colorata gamma di camion di cibo e bancarelle temporanee, ognuno dei quali offriva un'allettante selezione di sapori internazionali e specialità locali. Dai succosi hamburger conditi con formaggio appiccicoso ai tacos coreani piccanti pieni di sapore, le opzioni sembravano infinite. Ad ogni boccone, mi sono meravigliato della creatività e dell'ingegno dei venditori di cibo di strada di Montreal, che trasformano ingredienti semplici in capolavori culinari che deliziano i sensi.

Capitolo 7

ATTIVITÀ ALL'APERTO ED ESCURSIONI NELLA NATURA

Montreal, adagiata lungo le pittoresche rive del fiume San Lorenzo, vanta un paesaggio che fonde perfettamente la raffinatezza urbana con lo splendore naturale. Dalle affollate strade del centro ai tranquilli parchi e spazi verdi sparsi in tutta la città, Montreal offre una vasta gamma di esperienze all'aria aperta per visitatori di tutte le età e interessi. Che tu sia un intrepido esploratore in cerca di avventure adrenaliniche o un appassionato della natura che cerca di riconnettersi con i grandi spazi aperti, gli abbondanti spazi verdi di Montreal offrono il parco giochi perfetto per l'esplorazione e la scoperta. Con i suoi parchi estesi, i fiumi serpeggianti e le foreste lussureggianti, la città invita i viaggiatori a uscire e immergersi nella bellezza della natura che li circonda.

Per gli appassionati di attività all'aria aperta, Montreal funge da porta d'ingresso verso un mondo di avventure ed esplorazioni. Se desideri andare in bicicletta lungo il panoramico Lachine Canal Path, andare in kayak attraverso le acque impetuose delle Lachine Rapids o fare un'escursione fino alla cima del Mount Royal per ammirare viste panoramiche sullo skyline della città, non mancano attività esilaranti da praticare. E per coloro che cercano un ritmo più tranquillo, i numerosi parchi e riserve naturali di Montreal offrono rifugi tranquilli dove fuggire dal trambusto della vita cittadina e riconnettersi con i ritmi della natura. Che tu stia facendo un picnic nel Parc Jean-Drapeau, facendo birdwatching nel Parco Naturale Bois-de-Liesse o semplicemente passeggiando tra i sentieri alberati del Giardino Botanico, gli spazi verdi di Montreal offrono lo sfondo perfetto per rilassarsi e rigenerarsi in mezzo alla bellezza del mondo naturale.

Percorsi ciclabili e pedonali

Montreal, con la sua accattivante miscela di fascino urbano e bellezza naturale, invita i visitatori a esplorare la sua vasta rete di piste ciclabili e pedonali. Essendo una città rinomata per le sue infrastrutture bike-friendly, Montreal offre moltissime opportunità sia ai ciclisti che ai pedoni di immergersi nei suoi paesaggi panoramici e nei monumenti storici. Tra i tanti sentieri che aspettano di essere scoperti, il Lachine Canal Path si distingue come una destinazione imperdibile, invitando i viaggiatori a intraprendere un viaggio di scoperta lungo il suo percorso di 14,5 chilometri.

Partendo dallo storico Porto Vecchio di Montreal, il Lachine Canal Path si snoda verso ovest lungo le pittoresche rive del Lachine Canal, offrendo a ciclisti e pedoni un posto in prima fila sul vivace lungomare della città. Lungo il percorso, i visitatori vengono accolti da una festa per i sensi, con quartieri affascinanti, monumenti storici e una vegetazione lussureggiante che si apre davanti a loro. Sia i ciclisti che i pedoni possono passeggiare tranquillamente lungo il percorso, fermandosi ad ammirare installazioni d'arte pubblica, godersi un picnic in uno dei tanti parchi panoramici o concedersi una bevanda rinfrescante in uno dei caffè sul lungomare che costellano il percorso. Con le sue viste mozzafiato sul canale e sui suoi vivaci dintorni, il Lachine Canal Path offre un viaggio indimenticabile attraverso la ricca storia e le bellezze naturali di Montreal.

Per coloro che cercano un'esperienza nella natura più coinvolgente, il Mount Royal Park (Parc du Mont-Royal) offre un rifugio idilliaco dal trambusto della vita cittadina. Essendo uno degli spazi verdi più amati di Montreal, il Mount Royal Park vanta una rete di pittoreschi sentieri escursionistici e pedonali che si snodano attraverso foreste lussureggianti, laghi tranquilli e punti panoramici. Salendo sulla cima del Mount Royal, a piedi o in bicicletta, i visitatori vengono ricompensati con ampie viste panoramiche sullo skyline della città e sul maestoso fiume San Lorenzo sottostante. Lungo il percorso, gli escursionisti e i camminatori possono esplorare percorsi nascosti, scoprire angoli appartati per picnic e incontrare una vasta gamma di flora e fauna autoctone che chiamano il parco casa. Che si tratti di una piacevole passeggiata o di un'escursione impegnativa, il Mount Royal Park offre un santuario dove i visitatori possono riconnettersi con la natura e ringiovanire il proprio spirito nella bellezza dei paesaggi naturali di Montreal.

Un'altra meta preferita dagli appassionati di attività all'aria aperta è l'ampia rete di sentieri che attraversano le Isole di Montreal, incastonate nel cuore del fiume San Lorenzo. L'Île Notre-Dame e l'Île Sainte-Hélène, con i loro paesaggi pittoreschi e monumenti iconici, offrono a ciclisti e pedoni una fuga panoramica dal trambusto della città. Sentieri asfaltati e non asfaltati si snodano attraverso rigogliosi spazi verdi, oltrepassano siti storici e lungo il lungofiume, offrendo infinite opportunità di esplorazione e avventura. I ciclisti possono fare un piacevole giro lungo le rive del fiume, passando per monumenti iconici come la Biosfera e il Casinò di Montreal, mentre i pedoni possono esplorare gemme nascoste e oasi tranquille al proprio ritmo. Che si tratti di esplorare i vivaci paesaggi urbani delle isole o di immergersi nella loro bellezza naturale, le Isole di

Montreal offrono una vasta gamma di esperienze di cui i visitatori possono godere.

Kayak e canoa a Montreal

Il kayak e la canoa a Montreal offrono un'impareggiabile opportunità di vivere i corsi d'acqua e i paesaggi panoramici della città da una prospettiva unica. Con il maestoso fiume San Lorenzo che scorre nel suo cuore e numerosi laghi e corpi idrici che punteggiano il suo paesaggio urbano, Montreal offre una vasta gamma di esperienze di canottaggio per appassionati di tutti i livelli. Che tu sia alla ricerca di emozioni forti o di una piacevole fuga nella natura, il kayak e la canoa a Montreal promettono avventure indimenticabili che ti faranno desiderare di più.

Una delle destinazioni più iconiche per il kayak e la canoa a Montreal sono le leggendarie Lachine Rapids, situate appena a sud-ovest del centro. Queste acque turbolente, causate dal restringimento naturale del fiume San Lorenzo, creano un parco giochi emozionante per i canoisti in cerca di una scarica di adrenalina. Le anime coraggiose possono intraprendere tour guidati che navigano attraverso le rapide, offrendo un'esperienza esilarante mentre navighi tra correnti vorticose e onde impetuose. Per i principianti, istruttori esperti offrono guida e noleggio dell'attrezzatura, garantendo un'avventura sull'acqua sicura e memorabile. Mentre remi tra le rapide, ti godrai panorami mozzafiato dello skyline di Montreal, aggiungendo un ulteriore livello di eccitazione alla tua scappatella acquatica.

Per coloro che cercano un'esperienza di pagaiata più tranquilla, la Rivière-des-Prairies offre una fuga serena dal trambusto della vita cittadina. Questo pittoresco fiume si snoda attraverso i quartieri settentrionali di Montreal, offrendo ai kayakisti e ai canoisti la possibilità di esplorare canali tranquilli, rigogliose paludi e fiorenti habitat naturali. Attraversa isole pittoresche, zone umide verdeggianti e affascinanti comunità lungo il fiume mentre ti immergi nella bellezza naturale dei paesaggi panoramici di Montreal. Con le sue acque calme e le correnti dolci, la Rivière-des-Prairies offre l'ambiente perfetto per una piacevole pagaiata, sia che tu stia cercando di rilassarti con un'escursione in solitaria o di imbarcarti in un'avventura per tutta la famiglia.

Per coloro che desiderano fuggire dai confini urbani di Montreal, i vicini Monti Laurenziani invitano con la loro natura incontaminata e panorami mozzafiato. A breve distanza in auto dalla città, il Parco Nazionale di Mont-Tremblant offre numerose opportunità di kayak e canoa tra il suo terreno accidentato e i laghi cristallini. Noleggia un kayak o una canoa da uno dei fornitori del parco e parti con una pagaia panoramica attraverso il cuore dei Laurenziani, circondato da imponenti foreste, cascate e una ricca fauna selvatica. Mentre navighi lungo i tranquilli corsi d'acqua del parco, potrai ammirare viste panoramiche sulle montagne circostanti, offrendo un senso di tranquillità e serenità senza eguali. Che tu stia esplorando le calme acque del Lac Monroe o remando lungo le correnti impetuose del fiume Diable, il Parco nazionale di Mont-Tremblant offre un'esperienza selvaggia davvero coinvolgente che ti farà sentire ringiovanito e ispirato.

Gite di un giorno ai parchi e alle riserve naturali nelle vicinanze

Nella vivace metropoli di Montreal, dove il battito del cuore della città pulsa attraverso le sue strade vibranti e i quartieri animati, si trova un tesoro nascosto di meraviglie naturali in attesa di essere scoperte. Al di là del fascino urbano di Montreal, si trova un mondo di foreste lussureggianti, laghi tranquilli e paesaggi mozzafiato, che invitano gli appassionati di attività all'aria aperta a intraprendere indimenticabili gite e avventure di un giorno. Che tu stia cercando un'escursione panoramica, un tranquillo picnic in riva al mare o un incontro emozionante con la fauna selvatica, i parchi e le riserve naturali circostanti di Montreal offrono infinite opportunità di esplorazione e scoperta.

Parco Nazionale del Mont-Saint-Bruno: un rifugio tranquillo

A breve distanza in auto dal centro di Montreal si trova la serena oasi del Parco Nazionale di Mont-Saint-Bruno, un paradiso per gli amanti della natura che cercano rifugio dal trambusto della vita cittadina. Immerso tra foreste lussureggianti e dolci colline, questo pittoresco parco ospita laghi tranquilli, sentieri panoramici e una ricca fauna selvatica, che lo rendono la destinazione perfetta per una gita di un giorno da Montreal. Appena entri nel parco, verrai accolto dai suoni rilassanti del canto degli uccelli e dal fruscio delle foglie nella brezza, invitandoti a lasciarti alle spalle lo stress della vita quotidiana e ad immergerti nella bellezza della natura.

Uno dei punti forti del Parco Nazionale del Mont-Saint-Bruno è la sua rete di sentieri escursionistici ben tenuti, che si snodano attraverso fitte foreste, lungo ruscelli scintillanti e oltre pittoreschi punti panoramici che offrono ampie vedute del paesaggio circostante. Che tu sia un escursionista esperto alla ricerca di un trekking impegnativo o un piacevole passeggino in cerca di una fuga tranquilla, c'è un percorso per ogni livello di abilità e interesse. Tieni gli occhi aperti per la fauna selvatica residente nel parco, tra cui cervi dalla coda bianca, volpi rosse e una varietà di specie di uccelli, mentre vaghi per la foresta alla ricerca di gemme nascoste e meraviglie naturali.

Oltre ai suoi sentieri escursionistici, il Parco Nazionale del Mont-Saint-Bruno offre una varietà di attività ricreative per i visitatori, tra cui picnic, birdwatching e sci di fondo nei mesi invernali. Prepara un pranzo al sacco e trova un posto all'ombra in uno dei tranquilli laghi del parco, dove potrai rilassarti e distenderti in mezzo alla bellezza della natura circostante. Oppure allaccia le tue scarpe da trekking e intraprendi un'avventura attraverso le fitte foreste del parco, dove scoprirai cascate nascoste, prati tranquilli e alberi secolari che svettano sopra di te. Qualunque sia la tua scelta di trascorrere la giornata nel Parco Nazionale del Mont-Saint-Bruno, partirai sicuramente ringiovanito e riposato, con ricordi che dureranno tutta la vita.

Parco nazionale del Mont-Tremblant: un paese delle meraviglie selvaggio

Per coloro che cercano un'esperienza all'aria aperta più selvaggia, una gita di un giorno al Parco nazionale di Mont-Tremblant promette avventure, esplorazioni e bellezze naturali mozzafiato. Situata a circa due ore a nord di Montreal, questa vasta area selvaggia comprende oltre 400 laghi e stagni, oltre a chilometri di sentieri escursionistici, che la rendono un paradiso per gli appassionati di attività all'aria aperta di tutte le età e abilità. Che tu sia un escursionista esperto alla ricerca di un trekking impegnativo o un amante della natura che desidera riconnettersi con i grandi spazi aperti, il Parco nazionale di Mont-Tremblant offre qualcosa per tutti i gusti.

Uno dei punti forti del Parco Nazionale del Mont-Tremblant è la sua vasta rete di sentieri escursionistici, che si snodano attraverso antiche foreste, lungo fiumi impetuosi e oltre imponenti vette montuose. Allaccia le tue scarpe da trekking e parti per un viaggio alla scoperta dei diversi paesaggi del parco, dalle fitte foreste boreali ai prati alpini brulicanti di fiori selvatici. Tieni gli occhi aperti per avvistare la fauna selvatica lungo il percorso, inclusi orsi neri, alci e castori, mentre attraversi il terreno accidentato alla ricerca di gemme nascoste e punti panoramici.

Oltre ai suoi sentieri escursionistici, il Parco Nazionale del Mont-Tremblant offre una varietà di attività ricreative per i visitatori, tra cui canoa, kayak e pesca sui suoi laghi e fiumi incontaminati. Noleggia una canoa o un kayak da uno dei fornitori del parco e parti su una pagaia panoramica attraverso acque cristalline, circondato da panorami montani mozzafiato e foreste lussureggianti. Oppure, lancia una lenza e tenta la fortuna catturando una trota o un branzino delle dimensioni di un trofeo, mentre ti rilassi nella pace e nella tranquillità dell'ambiente naturale. Che tu stia cercando avventura, relax o un po' di entrambi, una gita di un giorno al Parco Nazionale di Mont-Tremblant promette un'esperienza all'aria aperta indimenticabile che ti lascerà ricordi che dureranno tutta la vita.

Saint-Jean-sur-Richelieu: una fuga sul fiume

Per un'incantevole fuga lungo il fiume a due passi da Montreal, non guardare oltre la pittoresca cittadina di Saint-Jean-sur-Richelieu. Situata lungo le pittoresche sponde del fiume Richelieu, questa storica città offre un'atmosfera rilassata, splendidi dintorni naturali e una vasta gamma di attività all'aperto per i visitatori. Che tu stia esplorando i sentieri panoramici e i parchi lungo il fiume della città, intraprendendo un piacevole giro in bicicletta attraverso i suoi quartieri pittoreschi o semplicemente immergendoti nella bellezza della natura circostante, Saint-Jean-sur-Richelieu è la destinazione perfetta per una gita di un giorno da Montreal.

Uno dei punti forti di Saint-Jean-sur-Richelieu sono i suoi panoramici sentieri lungo il fiume, che si snodano lungo le rive del fiume Richelieu, offrendo viste mozzafiato sul paesaggio circostante. Allaccia le tue scarpe da passeggio e parti per una piacevole passeggiata lungo la Promenade du Quai, dove potrai ammirare edifici storici, affascinanti caffè e giardini colorati mentre segui il percorso serpeggiante del fiume. Oppure sali su una bicicletta ed esplora l'ampia rete di piste ciclabili della città, che si snodano attraverso parchi lussureggianti, foreste tranquille e campagne pittoresche, offrendo un modo panoramico e divertente per esplorare la zona.

Oltre alle attività all'aperto, Saint-Jean-sur-Richelieu offre ai visitatori una varietà di attrazioni culturali e monumenti storici, tra cui lo Château Saint-Jean, una fortezza storica risalente al XVII secolo, e il Musée du Haut -Richelieu, che mette in mostra la ricca storia e il patrimonio della regione attraverso mostre e manufatti interattivi. Dopo una giornata di esplorazione, rilassati e riposati con un pasto piacevole in uno degli affascinanti ristoranti lungo il fiume della città, dove potrai assaporare la deliziosa cucina locale e immergerti nell'atmosfera rilassata di questa pittoresca cittadina lungo il fiume. Se sei alla ricerca di avventura, relax o un po' di entrambi, Saint-Jean-sur-Richelieu offre una miscela perfetta di bellezza naturale, attività all'aria aperta e attrazioni culturali che delizieranno sicuramente i visitatori di tutte le età.

Capitolo 8

VITA NOTTURNA E INTRATTENIMENTO

Nella vivace città di Montreal, la notte diventa una tela su cui si dispiegano una miriade di esperienze vibranti, invitando sia la gente del posto che i visitatori a immergersi nell'atmosfera elettrica della città. Mentre il sole tramonta sotto l'orizzonte, le strade si animano con il ritmo pulsante della vita notturna, offrendo una vasta gamma di opzioni per soddisfare ogni inclinazione e stato d'animo. Bar alla moda punteggiano il paesaggio, i loro interni eleganti e i menu di cocktail innovativi attirano folle desiderose di concedersi le ultime libagioni e socializzare con gli altri festaioli. Nel frattempo, i locali notturni pulsano di energia, le loro piste da ballo si riempiono di un caleidoscopio di movimento e suono mentre i DJ fanno girare ritmi che risuonano nell'aria notturna. Dalla ricerca di una serata intima di conversazioni e cocktail artigianali o di un'esilarante notte di balli e festeggiamenti, i bar e le discoteche di Montreal promettono un'esperienza di vita notturna indimenticabile che soddisfa ogni gusto e preferenza.

Tuttavia, la scena della vita notturna di Montreal si estende ben oltre i confini dei suoi bar e discoteche, comprendendo un ricco arazzo di locali con musica dal vivo che mettono in mostra il vibrante patrimonio culturale e il talento artistico della città. Dagli accoglienti jazz club annidati nei quartieri storici alle grandi sale da concerto che risuonano delle note delle sinfonie classiche, Montreal offre una vasta gamma di luoghi da esplorare per gli appassionati di musica. Qui, esibizioni intime di artisti locali si mescolano a concerti elettrizzanti di artisti internazionali, creando un'atmosfera allo stesso tempo intima ed esilarante. E mentre la città ospita un calendario di festival ed eventi tutto l'anno, il cielo notturno diventa un palcoscenico sul quale brillano la creatività e la passione di Montreal. Dal rinomato Montreal International Jazz Festival all'eclettico festival Montreal en Lumière, c'è sempre qualcosa di emozionante che accade dopo il tramonto in questa vibrante metropoli, assicurando che la notte sia piena di possibilità quanto il giorno.

Bar e discoteche a Montreal

La reputazione di Montreal come centro della vivace vita notturna è ben meritata, con la città che vanta un'impressionante gamma di bar e discoteche che soddisfano ogni gusto e preferenza. Dai cocktail lounge chic alle discoteche ad alta energia, la scena della vita notturna di Montreal offre qualcosa per tutti, assicurando che la città rimanga una destinazione preferita per i festaioli notturni di tutto il mondo.

Immerso nel cuore del Plateau Mont-Royal, Le Boudoir si distingue come un tesoro nascosto nella vivace scena della vita notturna di Montreal. Nascosto in un'incantevole strada laterale, questo intimo cocktail lounge emana un'aria di raffinatezza e fascino del vecchio mondo. Varcando la porta, i clienti vengono accolti da interni poco illuminati decorati con decorazioni vintage, creando un'atmosfera accogliente e invitante che sembra di entrare in un'epoca passata. I baristi di Le Boudoir sono veri artigiani e creano cocktail sapientemente miscelati utilizzando solo i migliori ingredienti e liquori. Dalle miscele classiche come l'Old Fashioned alle fantasiose specialità della casa, ogni bevanda è un capolavoro a sé stante, deliziando i sensi con una sinfonia di sapori e aromi. Con il passare della serata, gli ospiti possono rilassarsi nelle lussuose aree salotto della lounge, sorseggiando le loro libagioni preferite e impegnandosi in vivaci conversazioni con amici vecchi e nuovi. Dalla ricerca di una serata tranquilla di relax o di una serata romantica, Le Boudoir offre un'esperienza indimenticabile che lascia un'impressione duratura in tutti coloro che visitano.

Per coloro che desiderano un'esperienza di vita notturna più energica, Stereo è un faro di eccitazione ed euforia nella scena dei nightclub di Montreal. Situato nel cuore della città, questo rinomato locale è sinonimo di musica elettronica di livello mondiale ed esperienze indimenticabili sulla pista da ballo. Non appena i clienti entrano nell'interno cavernoso dello Stereo, vengono immediatamente avvolti dai ritmi pulsanti e dall'energia elettrizzante che permeano lo spazio. Il sistema audio di prim'ordine del club garantisce che ogni linea di basso e melodia risuoni tra la folla, creando un'esperienza audio coinvolgente diversa da qualsiasi altra. Per tutta la notte, DJ di fama mondiale salgono alla consolle, creando un mix eclettico di house, techno ed elettronica che mantiene la pista da ballo gremita fino alle prime ore del mattino. Dai veterani dei club ai curiosi nuovi arrivati, Stereo attira una folla diversificata di appassionati di musica che si riuniscono per celebrare il loro comune amore per la musica elettronica e la cultura dance. Con la sua atmosfera impareggiabile e il suo impegno per l'eccellenza, Stereo si è guadagnato la reputazione di una delle principali destinazioni per la vita notturna di Montreal, attirando folle di festaioli da vicino e da lontano che vengono a vivere la magia di una serata fuori in questo club leggendario.

Nel quartiere alla moda di Mile End, il Bar Alexandraplatz offre un'esperienza di vita notturna unica ed eclettica che riflette lo spirito vibrante del melting pot culturale di Montreal. Ispirato dall'atmosfera bohémien dell'iconica Alexanderplatz di Berlino, questo accogliente bar di quartiere è diventato il ritrovo preferito sia dalla gente del posto che dai turisti. La spaziosa terrazza all'aperto del bar offre l'ambiente ideale per godersi le calde serate estive, con ampi posti a sedere e un'atmosfera rilassata che incoraggia conversazioni prolungate e risate. All'interno, l'arredamento eclettico del bar rende omaggio alle sue radici tedesche, con poster vintage che adornano le pareti e un'impressionante selezione di birre tedesche alla spina. Ma il Bar Alexandraplatz è molto più che un semplice posto dove prendere un drink; è anche un centro culturale che mette in mostra una vasta gamma di musica dal vivo e DJ set. Dai gruppi indie rock agli artisti elettronici, la programmazione eclettica del bar assicura che ogni sera accada sempre qualcosa di nuovo ed eccitante. Che si tratti di incontrarsi con gli amici davanti a una pinta di birra o di ballare tutta la notte al ritmo di una band dal vivo, il Bar Alexandraplatz offre un'atmosfera calda e accogliente che incarna lo spirito della vivace vita notturna di Montreal.

Luoghi per spettacoli e musica dal vivo

Montreal, una città pulsante di ricchezza culturale, è un paradiso per gli appassionati di musica che cercano spettacoli dal vivo che trascendono confini e generi. Con una miriade di locali che mettono in mostra sia talenti locali che artisti internazionali, la scena musicale dal vivo di Montreal promette un'esperienza coinvolgente come nessun'altra. Dagli intimi jazz club che trasudano il fascino del vecchio mondo alle grandi sale da concerto che riverberano di melodie sinfoniche, la città offre una gamma eclettica di opzioni che soddisfano ogni gusto e preferenza musicale.

Immerso nel cuore del centro di Montreal, il Club Soda è un faro della vivace scena musicale dal vivo della città. Dotato di un sistema audio all'avanguardia e di un palco versatile, il Club Soda si è guadagnato la reputazione di uno dei luoghi di spettacolo più iconici di Montreal. Qui, gli appassionati di musica possono dedicarsi a una vasta gamma di spettacoli, che abbracciano generi come rock, jazz, elettronica e oltre. Che si tratti dei ritmi pulsanti di un concerto rock ad alta energia, delle melodie piene di sentimento di un ensemble jazz o dei suoni d'avanguardia di un DJ set elettronico, Club Soda offre un'esperienza indimenticabile che affascina il pubblico notte dopo notte.

Per gli intenditori di musica jazz, un pellegrinaggio all'Upstairs Jazz Bar & Grill è essenziale. Nascosto in un edificio storico nel Quartiere Latino di Montreal, l'Upstairs Jazz Bar & Grill emana un'atmosfera di raffinatezza e intimità perfettamente adatta al genere. Varcare le sue porte è come entrare in un'epoca passata, dove i suoni morbidi di sassofoni e trombe riempiono l'aria e il tintinnio dei bicchieri si mescola al dolce mormorio delle conversazioni. Con i suoi accoglienti posti a sedere e i tavoli a lume di candela, l'Upstairs Jazz Bar & Grill offre un ambiente idilliaco per una serata di immersione musicale. Qui, i clienti possono assaporare i sapori squisiti delle offerte culinarie del locale mentre vengono accompagnati da alcuni dei migliori musicisti jazz della città, creando un'esperienza incantevole che persiste a lungo anche dopo che le note finali svaniscono.

Nel cuore della vivace scena musicale indie di Montreal si trova Casa del Popolo, un luogo amato che funge da faro per artisti emergenti e appassionati di musica. Con la sua atmosfera rilassata e la programmazione eclettica, Casa del Popolo si è ritagliata una nicchia come centro per la musica indie rock, folk e sperimentale. Situata nell'eclettico quartiere di Mile End, la Casa del Popolo accoglie una vasta gamma di artisti, che vanno dalle band indie locali agli artisti internazionali all'apice della celebrità. Qui, il pubblico può godersi l'energia grezza e la creatività delle esibizioni dal vivo, circondato da persone che la pensano allo stesso modo e che condividono la passione per la musica e la scoperta. Che si tratti di assistere a un rumoroso spettacolo rock nell'accogliente spazio seminterrato del locale o di assistere a un intimo set acustico nell'incantevole lounge al piano superiore, ai visitatori di Casa del Popolo è garantita un'esperienza musicale autentica e memorabile che incarna lo spirito della fiorente scena musicale indie di Montreal.

Calendario Festival ed Eventi

Montreal, una città pulsante di fervore artistico e vivacità culturale, funge da palcoscenico perenne per una miriade di festival ed eventi che celebrano il suo ricco patrimonio e la dinamica scena artistica durante tutto l'anno. Ogni stagione a Montreal porta con sé una nuova ondata di eccitazione e attesa, poiché sia la gente del posto che i visitatori attendono con impazienza l'eclettica gamma di festival ed eventi che abbelliscono il calendario della città.

Uno dei fiori all'occhiello del calendario dei festival di Montreal è il Montreal International Jazz Festival, uno stravagante spettacolo estivo che si è guadagnato il plauso internazionale per la sua lineup stellare di artisti e l'atmosfera elettrizzante. Attirando oltre due milioni di visitatori ogni anno, questo prestigioso evento trasforma la città in una vera mecca per gli appassionati di jazz di tutto il mondo. Dalle strade acciottolate della Vecchia Montreal ai tentacolari palchi all'aperto del Quartier des Spectacles, il Montreal International Jazz Festival mette in mostra un mix eclettico di leggende del jazz e artisti emergenti, che spaziano dai generi tradizionali all'avanguardia. Con oltre 500 concerti distribuiti in più sedi in tutta la città, il festival offre una celebrazione senza precedenti di musica e cultura, dove i ritmi inebrianti del jazz permeano l'aria e accendono l'anima.

Mentre la primavera sboccia a Montreal, la città si anima con le immagini e i suoni del Montreal Digital Spring festival, una vetrina innovativa di arte e tecnologia digitale all'avanguardia che spinge i confini della creatività e dell'innovazione. Dalle coinvolgenti esperienze di realtà virtuale agli abbaglianti spettacoli di luci e alle mostre interattive, il festival Digital Spring di Montreal offre uno sguardo al futuro dell'arte e della tecnologia, dove l'immaginazione non conosce limiti. Distribuito in più sedi in tutta la città, questo evento innovativo invita i visitatori a esplorare l'intersezione tra arte e tecnologia, dove i paesaggi digitali prendono vita e le possibilità sono infinite. Se ti piace vagare attraverso un labirinto di proiezioni digitali o interagire con installazioni interattive, i partecipanti verranno trasportati in un regno dove i confini tra il mondo fisico e quello virtuale si confondono, lasciandoli affascinati dalle infinite possibilità dell'arte digitale.

Per gli appassionati di cucina e i buongustai, il festival Montreal en Lumière è uno spettacolo gastronomico da non perdere. Si tiene ogni anno a febbraio, questa celebrazione culinaria mette in mostra la fiorente scena gastronomica della città attraverso una serie di degustazioni di cibi gourmet, laboratori di cucina e dimostrazioni culinarie guidate dai migliori chef di tutto il mondo. Dai vivaci mercati all'aperto traboccanti di prodotti freschi e delizie artigianali ai decadenti menu degustazione realizzati da acclamati chef, Montreal en Lumière offre una festa per i sensi che celebra il ricco patrimonio culinario della città e il diversificato panorama gastronomico. Dal concedersi un pasto a più portate preparato da uno chef stellato Michelin o assaggiare prelibatezze locali in una vivace fiera alimentare, i partecipanti possono vivere un'esperienza culinaria indimenticabile che mette in mostra il meglio della vivace cultura gastronomica di Montreal.

Capitolo 9

CONSIGLI E INFORMAZIONI PRATICHE

In questo capitolo troverai un tesoro di consigli utili e informazioni pratiche per migliorare la tua esperienza in città. Dalle precauzioni di sicurezza alle strategie di risparmio e all'etichetta culturale, questo capitolo è progettato per fornire ai viaggiatori le conoscenze di cui hanno bisogno per esplorare Montreal con sicurezza e facilità. Che si tratti di consigli su come stare al sicuro mentre esplori i vivaci quartieri della città o di consigli per sfruttare al meglio il tuo budget senza sacrificare la qualità, questa guida completa copre tutti gli elementi essenziali per un viaggio memorabile.

Inoltre, questo capitolo fornisce preziosi spunti sui costumi e sull'etichetta locale, garantendo che i visitatori possano immergersi nella ricca cultura di Montreal con rispetto e comprensione. Dal saluto alla gente del posto in francese all'osservazione delle usanze culinarie e delle norme sociali, questi suggerimenti aiuteranno i viaggiatori a creare legami significativi con le persone e i luoghi che incontrano durante il loro soggiorno. Con questa ricchezza di informazioni pratiche a portata di mano, i lettori possono intraprendere la loro avventura a Montreal completamente preparati per sfruttare al meglio ogni momento in questa città dinamica e accogliente.

Consigli per la sicurezza per viaggiare a Montreal

Viaggiare in una nuova città è un'avventura piena di emozioni e scoperte, ma garantire la sicurezza dovrebbe sempre essere una priorità assoluta per rendere l'esperienza piacevole e senza preoccupazioni. Mentre i visitatori intraprendono il loro viaggio a Montreal, una città rinomata per la sua vivace cultura e il suo fascino storico, è fondamentale prestare attenzione ai suggerimenti essenziali sulla sicurezza per navigare con sicurezza nelle sue vivaci strade e attrazioni. Sebbene Montreal sia generalmente considerata una destinazione sicura per i turisti, come qualsiasi area metropolitana, è consigliabile rimanere vigili e prendere le precauzioni necessarie per proteggere se stessi e le proprie cose.

Una delle precauzioni di sicurezza fondamentali per i viaggiatori a Montreal è mantenere la consapevolezza di ciò che li circonda, soprattutto nelle aree turistiche affollate e negli snodi dei trasporti pubblici. Questi luoghi affollati, come la Vecchia Montreal e le stazioni della metropolitana della città, sono gli obiettivi principali dei borseggiatori opportunisti. Per mitigare il rischio di furto, i visitatori dovrebbero tenere sempre d'occhio i propri effetti personali, assicurandosi che portafogli, portamonete e dispositivi elettronici siano fissati saldamente e non facilmente accessibili a potenziali ladri. L'utilizzo di accessori antifurto come borse a tracolla o marsupi può fornire un ulteriore livello di sicurezza, consentendo ai viaggiatori di esplorare in tutta tranquillità.

Inoltre, quando si avventura alla scoperta delle attrazioni della città, è consigliabile restare in zone ben illuminate e popolate, soprattutto quando scende la notte. Anche se Montreal vanta una vivace vita notturna ed è relativamente sicura dopo il tramonto, è prudente prestare attenzione, soprattutto quando si percorrono quartieri sconosciuti o strade più tranquille. I viaggiatori dovrebbero evitare di camminare da soli di notte quando possibile e prendere in considerazione l'utilizzo di opzioni di trasporto affidabili, come taxi o servizi di rideshare, per garantire un ritorno sicuro al proprio alloggio. Inoltre, mantenere un basso profilo e astenersi dall'esibire gioielli costosi o oggetti appariscenti può aiutare a dissuadere l'attenzione indesiderata da potenziali minacce.

Muoversi nel sistema di trasporto pubblico di Montreal è parte integrante dell'esplorazione dei diversi quartieri e delle attrazioni della città. Sebbene gli autobus e le linee metropolitane della città siano generalmente sicuri ed efficienti, i viaggiatori dovrebbero rimanere vigili, soprattutto quando viaggiano a tarda notte. Si consiglia di attenersi alle fermate degli autobus e delle fermate della metropolitana ben segnalate, evitando zone isolate o poco illuminate che possano comportare potenziali rischi per l'incolumità personale. Nei casi in cui i viaggiatori si sentono a disagio o insicuri, dovrebbero fidarsi del proprio istinto e chiedere assistenza al personale di trasporto o agli altri passeggeri. Familiarizzare con i numeri di contatto di emergenza, compresi quelli della polizia, delle ambulanze e dei vigili del fuoco, è essenziale in caso di circostanze impreviste o emergenze. Avere un rapido accesso a queste risorse essenziali può garantire assistenza e risoluzione tempestive nei momenti di necessità.

Consigli per risparmiare denaro e trucchi per viaggiare a basso costo

Viaggiare con un budget limitato non significa solo risparmiare; si tratta di massimizzare le tue esperienze senza spendere troppo. A Montreal, una città rinomata per la sua ricchezza culturale e il fascino urbano, ci sono numerose opportunità per esplorare e divertirsi senza spendere una fortuna. Implementando una pianificazione intelligente e adottando trucchi di viaggio convenienti, i visitatori possono assaporare l'essenza di Montreal mantenendo intatti i loro portafogli.

Montreal vanta una miriade di attrazioni e attività gratuite o a basso costo che soddisfano una varietà di interessi. Gli appassionati d'arte possono rallegrarsi del fatto che molti dei rinomati musei della città, come il Museo delle Belle Arti di Montreal e il Museo McCord, offrono l'ingresso gratuito in giorni o serate specifici. Queste istituzioni culturali offrono una finestra sul patrimonio artistico e sulla scena contemporanea di Montreal, offrendo ai visitatori la possibilità di immergersi nella creatività senza spendere un centesimo. Inoltre, esplorare i verdeggianti parchi di Montreal, come l'iconico Mount Royal Park, non è solo un'impresa economica ma anche un'esperienza che arricchisce l'anima. Dalle piacevoli passeggiate ai picnic in mezzo a una vegetazione lussureggiante, queste oasi urbane offrono tregua dal trambusto della vita cittadina, il tutto a costo zero.

Quando si tratta di spostarsi tra i diversi quartieri e le attrazioni di Montreal, i costi di trasporto possono aumentare rapidamente. Tuttavia, i viaggiatori più esperti possono avvalersi di opzioni convenienti per spostarsi facilmente in città. Una delle scelte più economiche è investire in un abbonamento plurigiornaliero, come l'Unlimited Weekend Pass di STM, che offre viaggi illimitati su autobus e metropolitana a un prezzo fisso. Questa comoda opzione non solo fa risparmiare denaro ma elimina anche il fastidio di acquistare biglietti singoli per ogni viaggio. In alternativa, abbracciare le strade pedonali di Montreal e l'ampia rete di piste ciclabili è un modo fantastico per esplorare la città con un budget ridotto. Noleggiare una bicicletta o semplicemente passeggiare consente ai viaggiatori di immergersi nei panorami e nei suoni di Montreal al proprio ritmo, risparmiando sulle spese di trasporto.

Nessuna visita a Montreal è completa senza indulgere nella sua rinomata scena culinaria, ma cenare fuori può rapidamente esaurire il tuo budget di viaggio se non stai attento. Per fortuna, ci sono molti modi per assaporare la deliziosa cucina di Montreal senza spendere una fortuna. Cerca ristoranti convenienti e mercati locali dove puoi assaggiare l'autentica cucina di Montreal a prezzi convenienti. Dagli accoglienti bistrot che servono abbondanti poutine ai vivaci mercati alimentari che offrono una miriade di delizie culinarie, non mancano le esperienze gastronomiche da vivere con un budget limitato. Inoltre, tieni d'occhio le offerte speciali per il pranzo e i menu a prezzo fisso nei ristoranti, che spesso offrono un eccellente rapporto qualità-prezzo. Per chi è in movimento, lo street food e i food truck offrono un'opzione comoda e conveniente per uno spuntino veloce tra un'avventura turistica e l'altra.

L'alloggio può spesso rappresentare una delle spese più significative durante il viaggio, ma a Montreal ci sono molte opzioni economiche disponibili per soddisfare le esigenze di ogni viaggiatore. Ostelli e hotel economici abbondano in quartieri come Plateau Mont-Royal e Mile End, offrendo sistemazioni confortevoli a prezzi convenienti. Queste zone vivaci non solo pullulano di opzioni di alloggio a prezzi accessibili, ma vantano anche una vasta gamma di attrazioni e servizi raggiungibili a piedi, rendendole una base ideale per i viaggiatori attenti al budget. Inoltre, prendi in considerazione opzioni di alloggio alternative come case vacanze o soggiorni in famiglia, che spesso possono fornire più spazio e servizi a una frazione del costo degli hotel tradizionali.

Infine, la flessibilità è fondamentale quando si tratta di aumentare il budget del viaggio a Montreal. Mantieni una mente aperta e sii disposto a modificare i tuoi piani in base alle offerte disponibili e agli sconti su voli, alloggi e attrazioni. Pianificando in anticipo e approfittando delle promozioni stagionali e delle offerte speciali, i viaggiatori possono massimizzare i propri risparmi pur godendo di tutto ciò che Montreal ha da offrire. Che si tratti di ottenere biglietti scontati per uno spettacolo nell'iconica Place des Arts o di ottenere un'offerta last minute per un hotel nel cuore del centro, essere flessibili con le date di viaggio e rimanere vigili per le opportunità di risparmio di denaro può fare la differenza nel restare all'interno budget mentre esplori questa vibrante città.

Etichetta e costumi locali da conoscere

Comprendere e rispettare i costumi e l'etichetta locali è essenziale per ogni viaggiatore e quando si visita Montreal, una città nota per il suo ricco patrimonio culturale e il bilinguismo, diventa ancora più cruciale. Poiché sia il francese che l'inglese sono ampiamente parlati, riconoscere questa diversità linguistica è il primo passo verso la promozione di interazioni positive con gli abitanti di Montreal. Salutare la gente del posto in francese, in particolare nei quartieri tradizionali o francofoni, non solo dimostra rispetto per la lingua locale, ma apre anche le porte a scambi culturali più profondi. Un semplice "Bonjour" o "Merci" può fare molto per stabilire un rapporto e mostrare apprezzamento per l'identità unica di Montreal.

Quando si tratta di cenare fuori a Montreal, districarsi tra usanze e aspettative può migliorare l'esperienza complessiva. A differenza di altre città del Nord

America, nei ristoranti è consuetudine aspettare per sedersi anziché scegliere il proprio tavolo. Questa pratica riflette le influenze europee di Montreal e sottolinea l'importanza delle formalità nell'etichetta a tavola. Inoltre, la mancia è parte integrante dell'esperienza culinaria a Montreal, poiché la mancia standard ammonta al 15-20% del conto totale. Sebbene le pratiche relative alla mancia possano variare leggermente a seconda della struttura, il riconoscimento degli sforzi dei camerieri e del personale è universalmente apprezzato e riflette bene la comprensione delle usanze locali da parte del visitatore.

Oltre a cenare, interagire con la gente del posto in contesti sociali offre ai viaggiatori l'opportunità di immergersi nella vivace comunità e nell'ospitalità di Montreal. Gli abitanti di Montreal sono noti per il loro calore e la loro apertura, spesso estendendo inviti a partecipare a conversazioni o attività. Cogliere queste opportunità di entrare in contatto con i residenti non solo arricchisce l'esperienza di viaggio, ma fornisce anche preziose informazioni sulla cultura e sullo stile di vita della città. Che si tratti di avviare una conversazione con un altro frequentatore di un bar o di accettare un invito a un evento locale, queste interazioni favoriscono connessioni significative e lasciano un'impressione duratura dello spirito accogliente di Montreal.

Oltre ad abbracciare le usanze locali, i viaggiatori dovrebbero anche essere consapevoli delle differenze e delle pratiche culturali per evitare di offendere inavvertitamente. Parlare ad alta voce negli spazi pubblici, in particolare nelle zone tranquille come parchi o musei, è considerato scortese e disturbante a Montreal. Invece, adottare un comportamento più tranquillo e rispettare l'atmosfera pacifica di questi spazi è apprezzato sia dalla gente del posto che dagli altri visitatori. Allo stesso modo, rispettare lo spazio personale e astenersi da domande o azioni invadenti dimostra sensibilità alle norme culturali e favorisce interazioni positive con gli abitanti di Montreal.

BONUS

A. Contatti di emergenza

Quando si viaggia in una nuova città o paese, è essenziale avere accesso ai contatti di emergenza in caso di circostanze impreviste. Montreal, essendo una metropoli vivace, offre una gamma di servizi di emergenza per garantire la sicurezza e il benessere dei suoi residenti e visitatori. Di seguito sono riportati alcuni contatti di emergenza essenziali che ogni viaggiatore dovrebbe tenere a portata di mano durante il proprio soggiorno a Montreal:

Servizi di emergenza:

1. Polizia: In caso di emergenza che richieda l'assistenza della polizia, comporre il 911. Il servizio di polizia di Montreal (Service de Police de la Ville de Montréal - SPVM) è responsabile del mantenimento dell'ordine pubblico in città.
2. Fuoco Dipartimento: per le emergenze antincendio, comporre il 911. I vigili del fuoco di Montreal (Service de sécurité incendie de Montréal) forniscono una risposta rapida agli incendi e ad altre emergenze.

3. Medico Emergenze: per le emergenze mediche, inclusi incidenti e crisi sanitarie, comporre il 911. I servizi medici di emergenza (EMS) invieranno paramedici per fornire assistenza immediata.

Ospedali e centri medici:

1. Centro Hospitalier de l'Université de Montréal (CHUM): Indirizzo: 1000 Rue Saint-Denis, Montreal, QC H2X 0C1. Telefono: +1 514-890-8000. Il CHUM è uno dei più grandi ospedali universitari di Montreal e offre un'ampia gamma di servizi medici.
2. McGill Centro sanitario universitario (MUHC): Indirizzo: 1001 Boulevard Décarie, Montreal, QC H4A 3J1. Telefono: +1 514-934-1934. MUHC è un rinomato centro sanitario accademico che fornisce assistenza medica specializzata e ricerca.
3. Ebreo Ospedale Generale: Indirizzo: 3755 Chemin de la Côte-Sainte-Catherine, Montreal, QC H3T 1E2. Telefono: +1 514-340-8222. Il Jewish General Hospital è noto per la sua esperienza in varie specialità mediche.

Servizi consolari:

1. Ambasciata degli Stati Uniti in Canada: Indirizzo: 490 Sussex Drive, Ottawa, ON K1N 1G8. Telefono: +1 613-688-5335. L'ambasciata degli Stati Uniti fornisce servizi consolari ai cittadini americani in Canada,

compresa assistenza in caso di emergenza e questioni relative ai passaporti.
2. Consolato Generale di Francia a Montreal: Indirizzo: 1501 McGill College Avenue, Suite 1000, Montreal, QC H3A 3M8. Telefono: +1 514-878-4385. Il Consolato francese offre assistenza consolare ai cittadini francesi a Montreal.

Servizi di trasporto:

1.STM Informazioni sul transito: per informazioni sul sistema di trasporto pubblico di Montreal, inclusi gli orari di autobus e metropolitana, visitare il sito web della Société de Transport de Montréal (STM) o chiamare la linea informazioni al numero 514-786-4636.
2. Taxi Servizi: in caso di emergenze di trasporto o per prenotare un taxi, i viaggiatori possono contattare compagnie di taxi affidabili come Taxi Coop, Taxi Diamond o Taxi Hochelaga.

Assistenza turistica:

1. Turismo Centri di informazione di Montréal: Tourisme Montréal gestisce diversi centri di informazione in tutta la città, fornendo ai turisti mappe, opuscoli e assistenza nella pianificazione dei loro itinerari. Visita il loro sito web o fermati in una delle loro sedi per ricevere assistenza personalizzata.

Assistenza linguistica:

1. Lingua Servizi di linea: per i viaggiatori che necessitano di servizi di interpretariato linguistico, Language Line offre interpretariato in oltre 240 lingue. Chiamare il numero 1-800-752-6096 per assistenza nell'accesso ai servizi di interpretazione linguistica.

Assistenza legale e supporto:

1. Legale Aiuto Montreal: Indirizzo: 1 Carré Westmount, Suite 100, Montreal, QC H3Z 2P9. Telefono: +1 514-873-3562. Legal Aid Montreal fornisce assistenza legale a persone a basso reddito che affrontano problemi legali.

Servizi di supporto comunitario:

1.Montreal Centro di contatto comunitario: Telefono: 311 (all'interno di Montreal) o +1 514-872-0311 (fuori Montreal). Il Centro di contatto della comunità di Montreal offre informazioni e riferimenti a risorse e servizi della comunità, compreso il supporto sociale e l'intervento in caso di crisi.

Tenendo questi contatti di emergenza a portata di mano, i viaggiatori possono spostarsi a Montreal con sicurezza, sapendo che per ricevere aiuto basta una telefonata in caso di emergenza o situazione imprevista. È sempre meglio essere preparati e avere accesso ai servizi essenziali, garantendo un'esperienza di viaggio sicura e piacevole in questa vivace città canadese.

B. Itinerario ben pianificato di 7 giorni per Montreal

Giorno 1: Arrivo ed esplorazione della Vecchia Montreal

Mattina:

Arrivo a Montreal e sistemazione nel tuo alloggio.
Goditi una piacevole colazione in un bar nella Vecchia Montreal.

Pomeriggio:

Esplora le strade storiche della Vecchia Montreal (Vieux-Montréal).
Visita la Basilica di Notre-Dame e ammira la sua straordinaria architettura.
Passeggia per Place Jacques-Cartier e curiosa tra le botteghe artigiane e gli artisti di strada.

Sera:

Cena in un classico bistrot francese nella Vecchia Montreal.
Fai una passeggiata romantica lungo il Porto Vecchio e goditi le luci della città che si riflettono sull'acqua.

Giorno 2: Esplorazione culturale e Mount Royal

Mattina:

Visita il Museo delle Belle Arti di Montreal ed esplora le sue impressionanti collezioni.
Goditi un pranzo leggero in un bar nel quartiere dei musei.

Pomeriggio:

Fai un tour guidato del Plateau Mont-Royal e scopri la sua vivace scena di street art.
Sali sulla cima del Mount Royal per ammirare la vista panoramica della città.

Sera:

Cena in un accogliente ristorante nel quartiere di Plateau.
Partecipa a uno spettacolo di musica dal vivo o a uno spettacolo teatrale in città.

Giorno 3: delizie culinarie ed esplorazione del quartiere

Mattina:

Concedetevi un brunch in stile Montreal con bagel e salmone affumicato.
Visita il mercato Jean-Talon e assaggia prodotti locali e cibi artigianali.

Pomeriggio:

Esplora il quartiere di Mile End, noto per i suoi negozi e caffè eclettici.
Partecipa a un tour gastronomico guidato e assaggia i piatti iconici di Montreal, tra cui poutine e prelibatezze allo sciroppo d'acero.

Sera:

Cena in un ristorante alla moda a Mile End.
Goditi un drink in un bar sul tetto con vista sullo skyline della città.

Giorno 4: fughe nella natura e avventure all'aria aperta

Mattina:

Noleggia biciclette ed esplora la pista ciclabile del canale Lachine.
Sosta per un pranzo al sacco in un punto panoramico lungo il canale.
Pomeriggio:

Andate in kayak o in canoa sul fiume San Lorenzo e ammirate lo skyline di Montreal dall'acqua.
Visita il Parc Jean-Drapeau ed esplora i suoi giardini e le installazioni artistiche all'aperto.

Sera:

Rilassati con una cena in un ristorante sul lungomare sul canale.
Partecipa a una sessione di yoga al tramonto o a un concerto all'aperto nel parco.

Giorno 5: Gita di un giorno a Quebec City

Mattina:

Fai una gita di un giorno a Quebec City, patrimonio mondiale dell'UNESCO.
Esplora le strade storiche del Vecchio Quebec e visita monumenti come Château Frontenac.

Pomeriggio:

Goditi il pranzo in un ristorante tradizionale del Québécois.
Visita le cascate Montmorency e fai un'escursione panoramica o un giro in funivia.

Sera:

Rientro a Montreal in tempo per la cena.
Rifletti sulle avventure della giornata durante un delizioso pasto nella Vecchia Montreal.

Giorno 6: Shopping e immersione culturale

Mattina:

Trascorri la mattinata facendo shopping in Sainte-Catherine Street, la principale via dello shopping di Montreal.
Visita il Museo McCord per conoscere il patrimonio culturale di Montreal.

Pomeriggio:

Fai un tour guidato a piedi dei quartieri degli immigrati di Montreal, come Chinatown e Little Italy.
Assaggia la cucina internazionale in un mercato alimentare o in un ristorante.

Sera:

Partecipa a uno spettacolo culturale o a un festival che mette in mostra il variegato patrimonio di Montreal.
Cena in un ristorante fusion che unisce sapori da tutto il mondo.

Giorno 7: Relax e Partenza

Mattina:

Goditi una piacevole colazione in un bar nel tuo quartiere.
Fai un'ultima passeggiata nel tuo quartiere preferito di Montreal, immergendoti nell'atmosfera.

Pomeriggio:

Fai le valigie e fai il check-out dal tuo alloggio.
Visita una spa locale per un massaggio rilassante o un trattamento termale.

Sera:

Dirigiti all'aeroporto per il tuo volo di partenza, portando con te i bei ricordi del tuo soggiorno a Montreal.

Rifletti sulle tue esperienze e inizia a pianificare la tua prossima avventura, magari un viaggio di ritorno a Montreal per esplorare ancora di più questa affascinante città.

C. 10 cose che non dovresti fare a Montreal

Come turista in visita a Montreal, è essenziale rispettare le usanze e le normative locali per garantire un'esperienza positiva e piacevole. Ecco dieci cose che dovresti evitare di fare a Montreal:

1. Parla Solo inglese: sebbene l'inglese sia ampiamente parlato a Montreal, è importante riconoscere e rispettare la cultura bilingue della città. Tentare di conversare esclusivamente in inglese senza riconoscere il francese può sembrare irrispettoso. Prova a imparare alcune frasi francesi di base e usale quando possibile.

2. Ignora Leggi sul traffico: Montreal ha una propria serie di regolamenti sul traffico, comprese le regole per pedoni, ciclisti e conducenti. Ignorare queste leggi non solo mette a rischio la tua sicurezza ma interrompe anche il flusso del traffico. Seguire sempre i segnali stradali, attraversare le strade sulle strisce pedonali designate e prestare attenzione ai ciclisti e ai veicoli del trasporto pubblico.

3. Sottovalutare Clima invernale: Montreal sperimenta inverni freddi e nevosi ed è fondamentale essere preparati al clima. Vestiti in modo caldo, indossa abiti a strati e indossa calzature adeguate per navigare su marciapiedi e strade ghiacciate. Inoltre, pianifica

eventuali ritardi nei trasporti dovuti a tempeste di neve o temperature gelide.

4.!Mancanza di rispetto Etichetta in coda: i canadesi sono noti per il loro comportamento educato, incluso il rispetto dell'etichetta in coda. Tagliare la fila o comportarsi con impazienza può essere considerato scortese e irrispettoso. Aspetta il tuo turno in coda e sii paziente, che sia in un ristorante, in un'attrazione o alla fermata del trasporto pubblico.

5. Trascurare Etichetta della mancia: a Montreal, come nel resto del Canada, è consuetudine lasciare la mancia. Assicurati di dare una mancia ai camerieri nei ristoranti, in genere circa il 15-20% del conto totale, a meno che la mancia non sia già inclusa. Inoltre, valuta la possibilità di dare mance ad altri fornitori di servizi come tassisti, guide turistiche e personale dell'hotel per un servizio eccezionale.

6. Sii Rumoroso e dirompente: Montreal è una città vibrante e vivace, ma ciò non significa che dovresti essere rumoroso e dirompente negli spazi pubblici. Evita di urlare, ascoltare musica ad alto volume o assumere comportamenti turbolenti, soprattutto nelle zone residenziali o a tarda notte. Rispettare la pace e la tranquillità degli altri, in particolare durante le ore di silenzio previste dalla città.

7. Sottoveste per le attrazioni culturali: Montreal ospita numerose attrazioni culturali, tra cui musei, gallerie d'arte e siti religiosi. Quando visiti questi luoghi, vestiti in modo appropriato ed evita di indossare abiti succinti o inappropriati. Alcuni siti religiosi potrebbero avere codici di abbigliamento che i visitatori sono tenuti a seguire per rispetto delle credenze religiose degli altri.

8. Ignora Differenze linguistiche e culturali: Montreal è una città diversificata e multiculturale, con residenti provenienti da contesti ed etnie diverse. Abbraccia la diversità culturale della città e sii aperto alla conoscenza di costumi, tradizioni e lingue diverse. Evita di fare supposizioni o generalizzazioni sulle persone basate su stereotipi.

9. Cucciolata o Graffiti: Montreal è orgogliosa dei suoi spazi pubblici puliti e belli, e i rifiuti o i graffiti possono sminuire il fascino della città. Smaltire adeguatamente i rifiuti negli appositi contenitori ed evitare di deturpare la proprietà pubblica con graffiti o atti vandalici. Aiutaci a mantenere Montreal pulita per il divertimento dei residenti e degli altri turisti.

10. Dimentica per esplorare oltre i punti caldi turistici: mentre le attrazioni popolari come la Vecchia Montreal e il Mount Royal Park sono destinazioni da non perdere, non limitarti ai punti caldi turistici. Prenditi il tempo per

esplorare i quartieri meno conosciuti, i mercati locali e le attrazioni fuori dai sentieri battuti per scoprire la vera essenza di Montreal e delle sue vivaci comunità.

Evitando questi dieci errori comuni, puoi esplorare Montreal con rispetto, cortesia e apprezzamento per la sua cultura e il suo patrimonio, assicurandoti un'esperienza memorabile e piacevole come turista in questa dinamica città canadese.

D. 10 luoghi che non dovresti visitare a Montreal come turista

Sebbene Montreal sia una città vivace e accogliente con molte attrazioni da esplorare, ci sono alcuni luoghi che i turisti potrebbero voler evitare a causa di problemi di sicurezza o mancanza di interesse. Ecco dieci posti che dovresti considerare di saltare durante la tua visita a Montreal:

1. Montreal Quartiere a luci rosse: noto per i suoi luoghi di intrattenimento per adulti e per un tasso di criminalità più elevato, il quartiere a luci rosse potrebbe non essere adatto a tutti i turisti, in particolare alle famiglie o a coloro che cercano un'esperienza più salutare.

2. Abbandonato Aree industriali: sebbene alcuni esploratori urbani possano provare interesse nell'esplorazione di magazzini e fabbriche abbandonati, queste aree possono essere pericolose e spesso interdette al pubblico.

3. Alta criminalità Quartieri: alcuni quartieri di Montreal, come parti di Hochelaga-Maisonneuve e Saint-Michel, hanno tassi di criminalità più elevati. Si consiglia ai turisti di prestare attenzione ed evitare di vagare in zone sconosciute, soprattutto di notte.

4. Illegale Stabilimenti di gioco d'azzardo: Montreal ha visto la sua quota di bische illegali, che non sono solo illegali ma anche potenzialmente pericolose. Scegli casinò affidabili e legali se hai voglia di divertirti.

5. Non autorizzato Mercatini di strada: anche se Montreal è nota per i suoi mercati vivaci, diffida dei venditori ambulanti non autorizzati che vendono merci contraffatte o rubate. Attieniti ai mercati e ai negozi ufficiali per esperienze di shopping autentiche.

6. Sottosviluppato Parchi e spazi verdi: anche se Montreal vanta bellissimi parchi e spazi verdi, alcune aree potrebbero essere sottosviluppate o trascurate. È meglio ricercare in anticipo i parchi e dare priorità agli spazi verdi ben mantenuti per le attività ricreative.

7. Aree del lungomare inquinate: sebbene il lungomare di Montreal offra splendide viste sul fiume San Lorenzo, alcune aree potrebbero essere inquinate a causa di attività industriali o di straripamenti di liquami. Evitare di nuotare o trascorrere periodi prolungati in aree con inquinamento visibile.

8. Sovraffollato Trappole per turisti: alcune famose attrazioni turistiche di Montreal possono diventare sovraffollate durante l'alta stagione, causando lunghe code e divertimento limitato. Prendi in considerazione la

visita di attrazioni meno conosciute o l'esplorazione di quartieri fuori dai sentieri battuti per un'esperienza più autentica.

9. Pericoloso Incontri con la fauna selvatica: sebbene Montreal non sia nota per gli incontri pericolosi con la fauna selvatica, i turisti dovrebbero comunque prestare attenzione quando esplorano aree naturali e parchi. Fai attenzione alla fauna selvatica locale e segui le linee guida di sicurezza per evitare potenziali incontri.

10. Senza licenza Tour operator: fai attenzione quando prenoti tour o escursioni con operatori senza licenza, poiché potrebbero non rispettare le norme di sicurezza o fornire esperienze di qualità. Cerca sempre le compagnie turistiche e leggi le recensioni prima di effettuare la prenotazione.

Facendo attenzione a questi luoghi da evitare, i turisti possono assicurarsi una visita sicura e divertente a Montreal, concentrandosi sulle numerose attrazioni e punti salienti della città. Ricordati di dare priorità alla sicurezza e di ricercare in anticipo le destinazioni per sfruttare al meglio la tua esperienza di viaggio.

E. Frasi di base di Montreal che i viaggiatori dovrebbero imparare

Come viaggiatore in visita a Montreal, è sempre utile imparare alcune frasi di base in francese, poiché è la lingua principale parlata in città. Ecco alcune frasi essenziali che ti torneranno utili durante il tuo viaggio:

1. Ciao: Ciao (bohn-zhoor)
2. Arrivederci: Addio (oh ruh-vwahr)
3. Per favore: Per favore (vedi voo pleh)
4. Grazie tu: Merci (mehr-see)
5. Tu sei benvenuto: De rien (duh ryen)
6. Scusa io / Scusa: scusami (ex-kew-zay mwah)
7. Sì: Sì (piccolo)
8. No: No
9. Io non capisco: non capisco (zhuh nuh kohm-prahn pah)
10. Fallo parli inglese?: Parli inglese? (by-lay voo ahn-glay)
11. Dove è...?: Dov'è...? (oh eh)
12. Come quanto costa?: Quanto costa? (kohm-byen sah koot)
13. Io vorrei...: vorrei... (zhuh voo-dray)
14. Può mi aiuti?: puoi aiutarmi? (poo-veh voo meh-giorno)
15. Sono perso: mi sono perso (zhuh swee pehr-doo)

Queste frasi di base ti aiuteranno a muoverti a Montreal con facilità e a mostrare rispetto per la gente del posto sforzandoti di comunicare nella loro lingua. Esercitati con queste frasi prima del viaggio e non aver paura di usarle: la gente del posto apprezzerà i tuoi sforzi!

F. PIANIFICATORE DI VIAGGIO

DESTINAZIONE:

DATA:

MIO	MAR	MER	GIO	VEN	SAB	SOLE

ATTRAZIONI DA VEDERE:

……………………

……………………..

……………………..

……………………

POSTI DOVE MANGIARE:

……………………..

……………………

……………………

……………………

……………………

……………………

ESCURSIONI:

…………………..

………………….

………………….

………………….

DETTAGLI DEL VOLO:

Printed by Amazon Italia Logistica S.r.l.
Torrazza Piemonte (TO), Italy